A. DE POORTER

Catalogue des Manuscrits de Grammaire latine médiévale de la Bibliothèque de Bruges

Extrait de la *Revue des Bibliothèques*, nos 1-6, 1926

PARIS,
LIBRAIRIE ANCIENNE HONORÉ CHAMPION,
LIBRAIRE DE LA SOCIÉTÉ DE L'HISTOIRE DE FRANCE
ET DE LA SOCIÉTÉ DES ANCIENS TEXTES FRANÇAIS
5 ET 7, QUAI MALAQUAIS, 5 ET 7

1926

Majoration de 20 0/0 à partir du 1er juin

BEAULIEUX (Ch.). **Catalogue de la Réserve XVIe siècle (1501-1548) de la Bibliothèque de l'Université de Paris.** In-8, 19 reproductions de marques typographiques . . . . . . **25 fr.**
Tome II. *Supplément et suite.* In-8, 10 reproductions. . . . . **20 fr.**

Bibliographie de M. Emile Chatelain. 1924. In-8, 69 pages . . . . **10 fr.**

Bulletin des Bibliothèques et des Archives, publié sous les auspices du Ministère de l'Instruction publique. 1884-1889. 6 volumes in-8. (*Les dernières Collections complètes.*) . . . . **120 fr.**
Le Bulletin des Bibliothèques se divise en deux parties : la première officielle, la seconde, *Chronique de la France et de l'Etranger,* est presque tout entière l'œuvre de MM. L. Delisle et U. Robert. C'est là que l'on trouve les notices et les instructions, désormais classiques, sur les incunables, etc., de l'administrateur honoraire de la Bibliothèque Nationale.

Catalogue général des Livres imprimés de la Bibliothèque Nationale. Reproduction en fac-similé exécutée dans l'ordre des volumes épuisés. Chaque volume in-8 . . . . **75 fr.**
20 volumes parus. Nous fournissons les suites.

CHAMPION (Pierre), archiviste-paléographe. — **Les plus anciens monuments de la typographie parisienne,** préfaces typographiques des livres sortis des presses de la Sorbonne (1470-1472). Recueil de fac-similés. In-4 cart. et 86 planches de fac-similés (derniers exemplaires) . **500 fr.**

— **La Librairie de Charles d'Orléans.** In-8 et album in-folio de 34 phototypies . . . . **60 fr.**

CORROZET (G.). — **Hécatomgraphie** (1540). Éditée par Charles OULMONT. In-18 avec pl. . **30 fr.**

COUDERC. — **Bibliographie historique de Rouergue.** Fascicule I, A-D. 1919. In-8, 168 pages à 2 colonnes. . . . . **20 fr.**

Corpus vasorum antiquorum, publié sous la direction de Edmond POTTIER, membre de l'Institut.

Déjà parus : FRANCE. — **Musée du Louvre.** Fascicules 1, 2 et 3, par Edmond POTTIER, 49 pl., dont une en couleurs. Chaque, cartonné, **75 fr.** — **Musée de Compiègne** (Musée Vivenel), par Mme Marcelle FLOT, **70 fr.** — BELGIQUE. — Fascicule 1. **Musée du Cinquantenaire à Bruxelles,** par F. MAYENCE, **80 fr.** — GREAT-BRITAIN. — Fasc. 1. **British Museum.** I, by Arthur SMITH, **90 fr.** — DANEMARK. — **Vases du Musée de Copenhague,** par Chr. BLINKENBERG et K. FRIIS JOHANSEN. Fasc. I. Planches 1 à 49. Cartonné, **75 fr.** — ITALIA. — Fascicolo I. **Museo Nazionale di Villa Giuli in Roma.** A cura di G. Q. GIGLIOLI. Fascicolo I. In-4 carré, 48 pages et 49 planches dont une en couleurs, sous un élégant cartonnage, 75 lires, au cours actuel : **90 fr.**

DELISLE (Léopold). — **Instructions élémentaires et techniques pour la mise et le maintien en ordre des livres d'une bibliothèque.** Nouvelle édition revue, in-8 de 82 pages. . **6 fr.**

— **Instructions pour la rédaction d'un catalogue de manuscrits et pour la rédaction d'un inventaire des incunables.** In-8, 100 pages . . . . **6 fr.**

Vade-mecum du Bibliothécaire. *H. Omont,* de l'Institut, Bibliothèque de l'Ecole des Chartes, 1910.

— **Recherches sur la librairie de Charles V,** suivies de l'inventaire des livres ayant appartenu aux rois Charles V et Charles IV et à Jean, duc de Berry. 2 volumes in-8 et album in-folio de planches . . . . **60 fr.**

— **Inventaire général et méthodique des manuscrits français de la Bibliothèque Nationale.** 2 volumes in-8. . . . . **30 fr.**
T. I. Théologie. — T. II. Jurisprudence.

Documents paléographiques, iconographiques et typographiques de la Bibliothèque de Lyon. In-4 carré avec planches en noir et couleurs. Fascicules I à IV, chaque . . . **35 fr.**

DORÉ (Robert). — **Bibliographie des livres jaunes à la date du 1er janvier 1922.** In-8. **5 fr.**

— **Essai de bibliographie des Congrès internationaux.** In-8 . . . . **5 fr.**

— **État des Répertoires numériques et des Inventaires des Archives départementales, communales et hospitalières de la France,** à la date du 1er décembre 1919, avec des notes et appendices, par R. DORÉ. In-8, XVII-30 pages avec un *supplément* . . . . **6 fr.**

EUSTRATIADES S. **Catalogue of the Greek Manuscripts in the Library of the Monastery of Vatopedi on Mont-Athos** (Harvard Theological Studies, XI). 1924. In-4 carré, 276 pages sur deux colonnes (en grec) . . . . **200 fr.**

SPYRIDON et S. EUSTRATIADES. — **Catalogue des Manuscrits Grecs de la Bibliothèque de la Laura au Mont-Athos.** 1925. In-4, 515 p. sur 2 colonnes. Titre en grec et en anglais **400 fr.**

FICHET (Guillaume). — **Épitre sur l'introduction de l'imprimerie à Paris,** publiée en fac-similé avec préface, par L. DELISLE. 1889. In-8, cartonné . . . . **5 fr.**

FERRARI (L.). — **Le Traduzioni italiani del teatro tragico francese nei secoli XVII e XVIII. Saggio Bibliografico.** In-8, XXIII-302 pages. . . . . **40 fr.**

CATALOGUE DES MANUSCRITS DE GRAMMAIRE LATINE MÉDIÉVALE DE LA BIBLIOTHÈQUE DE BRUGES

Les manuscrits dont nous présentons là description et l'analyse, portent les noms des plus grands maîtres de la grammaire latine médiévale aux différentes époques de son histoire[1].

Donat, Priscien, Isidore de Séville, Pierre Hélie, Alexandre de Villedieu, Évrard de Béthune, Jean de Garlande, Jean le Danois, Michel de Marbais, pour ne citer que les principaux, sont représentés ici, en textes d'un âge fort respectable, par des œuvres déjà célèbres et par d'autres qui sont moins connues.

Détail important à relever, plusieurs de nos volumes sont chargés d'annotations paléographiquement minuscules et souvent à peine déchiffrables. Ces nombreuses gloses marginales et interlinéaires, en tant que contemporaines de ces vieilles pages, constituent pour leur étude des éléments de haute valeur, et, en bien des cas, elles projettent un jour nouveau soit sur la personnalité des auteurs, soit sur le caractère propre de leurs travaux.

Signalons à ce point de vue l'importance particulière du manuscrit 546, qui nous fournit sur maître Jean de Garlande, à propos duquel plusieurs points d'histoire littéraire sont encore mal établis, des données nouvelles de grand intérêt. Nous y trouvons, en effet, plusieurs de ses traités grammaticaux et autres, savamment annotés; des preuves fréquentes de la part active qu'il prit à la querelle, vieille comme le monde, des Anciens et des Modernes; des attaques souvent répétées contre le Doctrinal et le Grécisme, auxquels il

1. Voir G. WALLERAND, *Les Œuvres de Siger de Courtrai*, I, II, chapitre V, dans *Les Philosophes belges*, t. VIII, Louvain, 1913. — M. GRABMANN, *Die Entwicklung der mittelalterlichen Sprachlogik*, Fulda, 1922.

reconnaît, bien malgré lui, une part minime de mérites, mais dont l'insuffisance totale est la cause déterminante de plus d'un de ses écrits; des remontrances amères et de vibrants appels à la célèbre école d'Orléans; une liste, enfin, où l'auteur lui-même nous donne l'énumération, avec une courte notice, de plusieurs de ses ouvrages. Cette liste se trouve fol. 76 v°. de l'*Ars accentandi*, qu'il a soin de dater de l'année 1234, et elle est complétée de façon fort heureuse par une explication complémentaire du glossateur.

Nous y apprenons, entre autres, que Jean de Garlande :

1° composa son célèbre *Dictionnarius*, à l'usage de la jeunesse, à un âge fort peu avancé;

2° qu'il écrivit la *Poetria*, le poème *De triumphis ecclesiae*, le *Compendium grammaticae*, l'*Ars accentandi* et l'*Epythalamicum carmen*, dont il fait lui-même le plus grand éloge[1];

3° qu'il est l'auteur des *Integumenta* [*Ovidiana*], signalés par E. Habel et dont E. Faral indique plusieurs exemplaires[2];

4° du *Memoriale Johannis*, traité de médecine, science dont la *Clavis compendii* nous fournira plus loin, sous forme de supplément, un court vocabulaire;

5° que le recueil versifié des miracles de la Vierge, dont il puisa la matière à la bibliothèque de Sainte-Geneviève, s'appelle de son vrai nom *Stella maris*;

6° qu'il composa les *Assertiones fidei*, et

7° les *Georgica spiritualia*, deux autres ouvrages qui sont totalement inconnus, et dont le second pourrait bien être l'*Hortolanus*, dont on ne connaît que le titre et qui lui fut parfois attribué.

Le chapitre inédit du *Morale scolarium*, que nous transcrivons plus loin, et dans lequel nous eûmes le plaisir de

1. Voir Hauréau, *Notice sur les œuvres authentiques ou supposées de Jean de Garlande*, dans *Notices et extraits des manuscrits de la Bibliothèque nationale*, XXVII, 2e part., Paris, 1879; — E. Habel, *Johannes de Garlandia, ein Schulmann des 13 Jahrhunderts*, dans *Mitteilungen der Gesellschaft für deutsche Erziehungs- und Schulgeschichte*, 19e année, Berlin, 1909, p. 1-34, 118-130; — Gh. H. Haskins, *A list of text-books from the close of the twelfth century*, dans *Harvard studies in classical philology*, vol. XX, 1909, p. 77.

2. E. Habel, *o. c.*, p. 120; E. Faral, *Les Arts poétiques du douzième et du treizième siècles*, dans *Bibliothèque de l'École des Hautes Études*, fascicule 238, p. 40 ss.

trouver un exposé singulièrement instructif de sa manière de voir sur l'enseignement de son temps; les allusions qu'il a faites à tout propos à des personnalités en vue avec lesquelles il entretint des relations et à des événements contemporains; de nombreux aperçus originaux sur la ville et l'Université de Paris; d'autres détails encore qu'il serait trop long d'énumérer, prouvent clairement la valeur de notre riche volume, sur lequel nous attirons l'attention des érudits.

Il faut en dire autant de la *Somme grammaticale* de Jean le Danois (539), intimement liée à sa *Philosophie* et construite d'après une méthode toute nouvelle, œuvre à peine connue de nos jours; des *Modi significandi* du grammairien belge Michel de Marbais (544), un contemporain de Siger de Courtrai, qui ne furent jamais mis en valeur.

Notre collection comprend aussi quelques traités dont nous avons pu, au cours de nos recherches, identifier les titres ou les noms d'auteurs; d'autres qui restent anonymes; des fragments, extraits et notes diverses, qui pourraient contribuer utilement à la solution de plusieurs problèmes d'histoire littéraire. Il faut citer en particulier :

Un commentaire anonyme d'un traité des *Modi significandi* (535); le *Liber de grammatica versificatus* de GUILLAUME-LE-BRETON (537) et son *Etymologia verborum* (540); l'*Ars dictandi* de JEAN BONDI D'AQUILÉE (537); deux copies, de rédaction très différente, de la *Somme* d'UGUCCIONE DE PISE (542 et 543); le *Maius alphabetum* d'ALEXANDRE DE VILLEDIEU (544); une courte dissertation sur l'art grammatical (544); des notes extraites de PIERRE HÉLIE (544); un recueil de questions sur le *Minus volumen* de PRISCIEN (539); un fragment de grammaire philosophique, traitant des huit parties du discours (546); des annotations curieuses, sous forme de parallèle entre le coq et le prédicateur, à propos de la logique et de la grammaire en tant qu'études préparatoires à la théologie; d'autres, sur la définition de la grammaire et des sciences qui en dépendent, sur la responsabilité des maîtres d'école (546); l'attribution dubitative de l'*Encheridion* à MATHIEU DE VENDÔME, et celle de l'*Orthographia* à GUILLAUME DE LOMBARDIE (548); un indice de la part respective d'Henri et de Gotfrid de Tirlemont dans la composition du

Filius (548); deux copies du *Pamphilus* (548); le *Palpanista* de BERNARD DE GEIST (548).

*
* *

Tous nos manuscrits proviennent de l'ancienne abbaye des Dunes, en Flandre, dont ils portent le cachet au bas du premier et du dernier feuillet. Nous avons exposé ailleurs, avec plus de détails, le caractère de cette provenance[1]. Constatons seulement ici que pour la grammaire, autant que pour l'astronomie, les mathématiques et la médecine, la bibliothèque cistercienne était pourvue d'instruments d'étude de premier ordre, capables encore, tels que nous les possédons, de devenir des sources précieuses d'information pour l'historien de ces diverses sciences.

Plusieurs de nos *codices* forment des recueils factices, où des ouvrages antérieurement séparés et indépendants les uns des autres furent réunis, souvent sans tenir compte de la différence de leur contenu, sous une même reliure. Ce n'était pas une raison pour que notre analyse négligeât certains écrits d'auteurs grammairiens, moins étroitement apparentés à la grammaire ou même ne l'étant nullement. La notion de grammaire, à cette époque, est d'ailleurs assez complexe. Il nous a semblé utile de donner la teneur pleine et entière de chaque volume, et même, le cas échéant, nous avons admis dans notre description, tout en distinguant leurs titres par un caractère typographique différent, des traités d'autre nature. Bien plus, nous avons mis en relief jusqu'aux moindres annotations, parfois très singulières et de caractère divers, qui remplissent les espaces restés d'abord en blanc de certains feuillets. Elles complètent, en effet, et facilitent une vue d'ensemble et font mieux ressortir la vie propre que respire chacun de nos précieux manuscrits, qui sont tous imprégnés de ce que nous appellerions volontiers l'esprit grammatical ou pédagogique.

Notre examen a porté sur les numéros 163, 533, 534, 535, 536, 537, 538, 539, 540, 541, 542, 543, 544, 546, 548.

1. A. DE POORTER, M. ALLIAUME. *Catalogue des manuscrits mathématiques et astronomiques de la bibliothèque de Bruges*, dans *Annales de la Société d'Émulation*, Bruges, 1922; — A. DE POORTER. *Catalogue des manuscrits de médecine médiévale de la bibliothèque de Bruges*, dans *Revue des Bibliothèques*, Paris, 1924.

Nous les présentons ici par ordre successif.

163

ETYMOLOGIA ISIDORI.

Titre doré sur dos.

Fol. 1-192 v^b. LIBRI 20 ETYMOLOGIARUM BEATI ISIDORI HISPALENSIS EPISCOPI.

Inc. Epistola Isidori ad Braulionem : *Cum amici literas, karissime, suscipis.*

Fol. 3 v^b. Incipit prephacio totius libri : *En tibi, sicut pollicitus sum.*

Expl. *fruamur uno et permaneamus in unum. Amen.* Finito libro, sit laus et gloria Christo. Qui illum scripsit cum Deo regnet, Amen.

Fol. 193-194. CAPITULA YSIDORI ETHIMOLOGIARUM.

Fol. 194 v., blanc.

Fol. 195-210 v^b. TABULA IN LIBRO ETHYMOLOGIARUM YSIDORI. Cette table est interrompue dans la lettre G. Une table détaillée des *Étymologies* d'Isidore de Séville fut composée par Rodulphe de Rivo, appelé parfois Roland de Bréda ou de Tongres. V. *Biographie nationale*, 18, c. 550.

V. *Patr. lat.*, LXXXII, 73. Notre ms. ajoute, fol. 186 v^b, un supplément à cette édition : *De coelo vel quinque circulis ejus* : *Coelum circulis quinque distinguitur.*

Cfr. G. WALLERAND, *o. c.*, p. (34).

XIIIe s., 210 ff., vélin, 0 m. 30 × 0 m. 20. Texte à deux colonnes. Écriture de toute beauté. La table est d'une main plus récente. Initiales coloriées et ornées d'arabesques.

Le chiffre rouge, au haut des feuillets, indique par erreur le livre XIX pour le XXe. Ce dernier commence fol. 181 r^b.

Reliure : veau sur bois. Sur plats, les armes dorées de l'abbaye des Dunes et de l'abbé Campmans.

533

GRAMMATICA PRISCIANI.

Fol. 1. Inc. *Cum omnis eloquentie doctrinam.*

Fol. 134. Expl. *Siderea polus. In hoc XVI libro concluduntur varie declinationes VIII partium orationis a Prisciano luculenter disserte.*

Nous avons ici le *volumen maius*, ou les seize premiers livres de l'ouvrage qui en contient dix-huit. Ed. *Prisciani, grammatici Caesariensis, institutionum grammaticarum libri XVIII, ex recensione Martini Hertzii.* Lipsiae, Teubner, 1855-59, I-II.

Cfr. ms. 534, f. 1-77 r., où nous trouvons les deux livres suivants, appelés *volumen minus* ; G. WALLERAND, *o. c.*, p. (34) ss.

Première moitié du XIIIe siècle. Manuscrit à longues lignes, réglées à la pointe sèche, avec lettres en couleur et initiales ornées d'arabesques. 134 ff., vélin, 0 m. 235 × 0 m. 16.

Sur le v° du fol. de garde postérieur : *Liber beate Marie de Dunis, sub custodia Bernardi Valcke, 1481.*

Reliure : veau sur carton, avec titre doré sur dos, ainsi que, sur plats, les armes de l'abbé Campmans et celles de l'abbaye.

534

MINUS VOLUMEN PRISCIANI CUM BARBARISMO ET ACCENTU EIUSDEM. ITEM BOETIUS DE DISCIPLINA SCOLARIUM ET TRACTATUS PETRI HELYE QUI DICITUR ABSOLUTA.

Ancien titre sous corne.

Fol. 1-53 v. [LIBER PRIMUS PRISCIANI DE CONSTRUCTIONIBUS].

Inc. *Quoniam in ante expositis libris de partibus orationis in plerisque Apollonii auctoritatem sumus secuti.*

Expl. *pro « mactus virtute ».*

Fol. 53 v.-77 r. LIBER SECUNDUS PRISCIANI DE CONSTRUCTIONIBUS.

Inc. *In superiore libro de articularium dictionum.*

Expl. *utriusque gloriari studeant doctrine.* Explicit secundus liber Prisciani de constructionibus.

Cet explicit correspond à la douzième ligne de la page 278, tome II de l'édition précitée.

Nous avons ici les deux livres qui complètent le manuscrit précédent, à savoir le dix-septième et le dix-huitième de tout l'ouvrage, désignés sous le nom de *volumen minus*. Cfr. ms. 533.

Fol. 77 v.-83 v. [BARBARISMUS DONATI].

Inc. *Barbarismus est una pars orationis vitiosa.*

Expl. *Elenam Troianas vexit ad urbes.* Explicit barbarismus.

C'est le texte que nous retrouvons, avec les commentaires du grammairien Remy d'Auxerre sur Donat, dans le ms. 537, f. 22-36 r[a].

Cfr. ms. 537, *l. c.* ; — WALLERAND, *o. c.*, p. (36).

Fol. 83 v.-92 v. [PRISCIANI DE ACCENTIBUS LIBER].

Inc. *Litera est nota elementi que cum scribitur.*

Expl. *acuetur ut pape evax.*

V. l'édition précitée de M. Hertzius, II, p. 517.

Fol. 93-96, blancs.

Fol. 97-109 r. BOETIUS DE DISCIPLINA SCOLARIUM.

Ed. *Patr. lat.*, LXIV, 1223. Notre ms. est incomplet, la fin manque. Il se termine au mot *lumina*, que nous lisons dans l'édition précitée au chap. VI, 1236, litt. B.

Cfr. *Mémoires couronnés et autres mémoires publiés par l'Académie Royale de Belgique*, t. XLVI, p. 138. Thomas de Cantimpré serait l'auteur du livre : *Boetius de disciplina scholarium, cum notabili commento.*

Fol. 109 v., 110 blancs.

Fol. 111-130 v[b] [ABSOLUTA PETRI HELYE].

Inc. *Absoluta cuiuslibet discipline perfectio duplici comparatur exercitio.*

Expl. mutil. *alius illius casus proponeretur quam* (qui ex verbo exigitur).

Le texte est interrompu dans le dernier chapitre.

V. *Hist. litt. de la France*, XIII, 303; — G. WALLERAND, *o. c.*, p. (36).

Cfr. ms. 544, f. 94-117 v^{a}.

Fol. 131-189 v. « Liber actuum Apostolorum ».

Texte avec commentaires marginaux. Les 8 premiers versets manquent.

Fol. 190-197 v. « Apocalypsis ».

Texte et commentaires marginaux. La fin manque.

Fin du XIIIe, commencement du XIVe siècle. 197 ff., vélin, 0 m. 30 × 0 m. 21. Écriture de mains différentes, à longues lignes jusqu'au f. 109; à double colonne ff. 111-130 v. Nombreuses annotations marginales. Initiales en couleur et ornées. Petits dessins marginaux, à la plume, coloriés, ff. 13 v., 14, 14 v., 16, 17, 19. Vignette, fol. 191, pour commencer le texte de l'Apocalypse.

L'ancien titre sous corne est collé au bas du fol. 1.

Reliure : veau gaufré sur bois. Sur dos, une étiquette de classement portant le n° 322.

535

PETRUS HELYE SUPER MAIUS VOLUMEN PRISCIANI. ITEM QUIDAM ALIUS TRACTATUS IN GRAMMATICA.

Ancien titre sous corne.

Fol. 1-63 r^{a}. COMMENTUM PETRI HELYE SUPER MAIUS VOLUMEN PRISCIANI.

Inc. *Ad maiorem artis grammatice cognitionem, primo videndum est quid sit grammatica.*

Expl. *Et labori iampridem incepto finem imponimus.* Explicit commentum Petri Helye supra maius volumen Prisciani. Deo gratias.

Le scribe a fait suivre cet explicit d'un exercice de plume où revient cette finale :

Hoc opus implevi faciendo parum requiem. Deo gratias.

V. sur Pierre Hélie ou Élie : *Hist. litt. de la France*, XII, 486; XIII, 303; — G. WALLERAND, *o. c.*, p. (36); — M. GRABMANN, *o. c.*, p. 10.

Fol. 63 v., blanc.

Fol. 64-96 r^{b}. QUIDAM ALIUS TRACTATUS IN GRAMMATICA.

Inc. *Metaphysice primo describitur : turpe est ignorare quod omnibus convenit scire.*

Expl. *Sequentes ad precedentes apparet que inquiruntur ad perfectam orationem vel constructionem.* Explicit. Deo gratias.

Commentaire anonyme d'un traité « De modis significandi », postérieur au *Doctrinal* d'Alexandre de Villedieu, qui est cité fol. 65 r^{b}.

Les grandes divisions de l'ouvrage sont indiquées, fol. 70 r^{b}, par ces mots : « Habito de octo partibus orationis, etc. Postquam auctor [determinavit] de 8 modis signandi essentialibus, generalibus et specificis, qui constituunt 8 partes orationis, in parte ista vult determinare de modis specialibus earumdem, essentialibus et accidentalibus, primo ipsius nominis, secundo aliarum partium. »

Fin du XIIIe siècle. 96 ff., vélin, o m. 25 × o m. 175. Écriture de mains différentes, à 2 colonnes. Titres des chapitres rubriqués jusqu'au fol. 63. L'espace réservé aux initiales est resté en blanc.

Reliure : veau sur bois. Dos restauré, qui porte une étiquette de classement, n° 272.

536

QUESTIONES SUPER MAIUS VOLUMEN PRISCIANI. ALEXANDER NEQUAM DE NOMINIBUS USTENSILIUM.

Ancien titre sous corne.

Fol. 1-79 r[b]. [PETRUS HELYE QUESTIONES SUPER MAIUS VOLUMEN PRISCIANI].

Inc. *Quatuor sunt partes grammatice, scilicet orthographia, prosodia, ethimologia, dyasintethica. Orthographia est.*

Expl. mutil. *passio sub voce activa signatur illud verbum sub.*

V. THUROT, *Notices et extraits de divers manuscrits latins pour servir à l'histoire des doctrines grammaticales au moyen âge.* Paris, Impr. nat., 1868, p. 21.

Fol. 79 v., blanc.

Fol. 80-89 v. ALEXANDER NEQUAM DE NOMINIBUS USTENSILIUM.

Inc. *Qui bene vult disponere familie sue.*

Expl. *Salus esse non poterit.* Explicit.

Le texte est accompagné de gloses marginales et interlinéaires.

V. sur Alexandre Neckam, né en Angleterre vers le milieu du XIIe siècle et professeur à Paris en 1180 : *Hist. litt. de la France*, XVIII, 521.

Ed. J. A. SCHELER, *Lexicographie latine du XIIe et du XIIIe siècle. Trois traités de Jean de Garlande, Alexandre Neckam et Adam du Petit-Pont, avec les gloses françaises.* Leipzig, 1867 (Extr. du *Jahrb. für roman. und englische Literatur*).

Cfr. TH. WRIGHT, *A volume of vocabularies from the tenth century to the fifteenth*, 1857 (privately printed). — Ms. 546, fol. 1-2 v.

Fol. 89 v.-94 v. EPISTOLA MAGISTRI ADE PARVIPONTANI DE USTENSILIBUS AD DOMUM REGENDAM PERTINENTIBUS, AD MAGISTRUM SUUM ANSELMUM.

Inc. *[P]hale totum cillentibus radiis.*

Expl. *illis inutile esse a me sepe accepisti. Valete.* Explicit. Amen.

Nous empruntons le titre de cet ouvrage au commentaire qui précède le texte, f. 89 v. Celui-ci est accompagné de nombreuses gloses interlinéaires en vieux français.

Adam du Petit-Pont compte parmi les professeurs célèbres que Paris possédait vers le milieu du XIIe siècle. Il est surnommé *du* Petit-Pont, à cause du quartier dans le voisinage duquel son école était placée.

V. *Hist. litt. de la France*, XIV, 189. — J.-A. SCHELER, *Lexicographie, o. c.*

Après l'explicit, notre ms. donne une addition de vingt et une lignes, commençant par les mots : *In agro autem floreo* et qui va jusqu'à la fin du f. 94 v., dont le bas a été découpé.

Fol. 95-101 r. DICTIONNARIUS [J. DE GARLANDIA].

Inc. *[D]ictionnarius dicitur libellus iste a dictionibus magis necessariis.*

Expl. *terre et ipsi qui venturus est judicare vivos et mortuos et seculum per ignem. Amen.* Explicit.

Les gloses interlinéaires sont nombreuses, comme dans les deux ouvrages qui précèdent.

Ed. H. GÉRAUD, *Paris sous Philippe-le-Bel*, Paris, Crapelet, 1837, p. 580 ss. — *Annales de la Société d'émulation* de Bruges, 2e s., 8, p. 160 ss. et *ibid*, p. 219. — Voir J.-A. SCHELER, *Lexicographie, o. c.* ; — *Hist. litt. de la France*, XXII, 11 ; 77 ss ; — HAURÉAU, *o. c.*, p. 38-48 ; — E. HABEL, *o. c.*, p. 9.

Commencement du XIVe s. 101 ff. de vélin, 0 m. 25 × 0 m. 17. Écriture de mains différentes, à deux colonnes jusqu'à fol. 79, à longues lignes pour le reste.

Reliure : veau sur bois. Ancien titre sous corne. Dos restauré.

537

REMIGIUS SUPER MAIOREM [EDITIONEM] DONATI CUM SUIS [COMMENTARIIS]. ITEM QUIDAM TRACTATUS DE [DUBIO ACCEN]TU. ITEM AD DISTINGUENDA HEB[RAICA NOMINA]. ITEM NOTULE MAGISTRI CESARIS IN [GRAMMATICAM].

Ancien titre sous corne.

Le fol. de garde antérieur porte le titre suivant, écrit de la main du prieur des Dunes, Ch. De Visch :

Comment. Remigii super maiorem editionem Donati. Tract. Bernardi Lumbardi de dubio accentu. Tract. de expositione nominum hebraïcorum. Notule magistri Cesaris in grammaticam.

Fol. 1-46 va. DONATUS MAIOR CUM COMMENTO [REMIGII].

Inc. *Partes orationis sunt octo... Notandum est in primis quod maiores has partes.*

Expl. *inter reliquas, unde et principales dicuntur.* Explicit Donatus maior cum commento. Deo gratias.

V. sur Remy, bénédictin à Saint-Germain d'Auxerre, grammairien, mort vers 908, *Hist. litt. de la France*, VI, 99 ; — *Patr. lat.* de Migne, CXXXI, 57 ; — G. WALLERAND, *o. c.*, p. (34) ; — M. GRABMANN, *o. c.*, p. 7.

Au fol. 22 ra-36 ra nous trouvons le *Commentum Remigii in barbarismum Donati.* Le texte correspond à celui du ms. 534, fol. 77 v.-83 v.

Fol. 46 va-48 vb. TRACTATUS BERNARDI LOMBARDI DE DUBIO ACCENTU.

Inc. *Accentus est ruris modulatio vocis facta.*

Expl. *aliquo accidente sepe variatur accentus*. Explicit tractatus magistri Bernardi Lumbardi de dubio accentu. Amen.

FABRICIUS, *Bibl. lat. med. et inf. aetatis*, Patavii, 1754, I, p. 232, cite notre ms. d'après SANDERUS, *Bibl. Belg. manuscr.*, 1641, I, 203.

Fol. 49-70 r. AD DISTINGUENDA HEBRAICA NOMINA.

Inc. *Sicut doctores docuerunt antea plures.*

Expl. *Azonos extra zonam dic vel sine zona.* Explicit liber iste. Amen.

Cet ouvrage est attribué à Guillaume-le-Breton. Le titre indiqué, qu'il porte généralement, ne lui convient guère. En effet, la partie qui a pour objet les noms hébreux ne va pas plus loin que le fol. 50, au 14me vers. Tout le reste traite des mots grecs, principalement au point de vue de l'étymologie latine. Une inscription au verso du fol. de garde antérieur appelle ce traité : *Quidam liber de grammatica versificatus*. V. *Hist. litt. de la France*, *o. c.*, XXIX, 599. Cfr. ms. 540.

Fol. 70 v., 71, blancs.

Fol. 72-98 v. NOTULE MAGISTRI CESARIS IN GRAMMATICAM.

Inc. *Ut ad sapientiam per grammaticam venire possimus... Septem sunt artes liberales, scilicet grammatica.*

Expl. *Supponente ut passio, in apponente ut actio.* Expliciunt notule magistri Cesaris. Deo gratias. Amen, Amen.

Ed. Ch. FIERVILLE, *Une grammaire latine inédite du XIIIe siècle.* Paris, Impr. nat., 1886.

Fol. 98 v.-104 v. [ARS DICTANDI JOHANNIS BONDI DE AQUILEIA.]

Inc. *Dictamen est ad unamquamque rem congrua et decora locutio, et dicitur adicto-tas, quod est frequentativum huius verbi dico-cis.*

Expl. *Quorum numerus centenarius vel paulo minor est.* Explicit. Deo gratias.

C'est la *Rhetorica ars* de Jean Bondi d'Aquilée. Un autre exemplaire se trouve à la Bibl. de Munich, lat. 6008, fol. 83.

Fin du XIIIe siècle. Les ff. 72-104 semblent postérieurs d'un siècle. 104 ff., vélin, 0 m. 245 × 0 m. 16. Ecriture de mains différentes, à deux colonnes de fol. 1 à 48. Quelques lettres en couleur et initiales ornées.

Divers exercices de plume sur le recto du fol. de garde antérieur. Sur le verso l'indication du prix que coûta la plus grande partie du manuscrit :

Donatus maior, cum libro de accentu magistri Bernardi Lombardi et quodam libro de grammatica versificato, XX s.

Reliure : veau sur bois. Ancien titre sous corne. La corne a disparu et le titre est endommagé. Dos restauré.

538

EBRARDI GRECISMUS, CARMINE GRAMMATICO.

Titre en haut du 1er f.

Fol. 1. Inc. *Quoniam ignorantie nubilo turpiter,*

Fol. 153. Expl. *Explicit Ebrardi grecismus nomine Christi. Qui dedit alpha et o sit laus et gloria Christo.*

Le Grécisme est un traité de grammaire latine, en vers. Les notions de grammaire grecque qui s'y rencontrent et surtout les étymologies justifient ce titre.

V. Sur Evrard de Béthune : *Hist. litt., o. c.*, XVII, 129 ; — *Biographie nationale*, VI, 747 ; — J. WROBEL, *Eberhardi Bethuniensis Graecismus ad fidem librorum manuscriptorum.* Breslau, 1887 ; — J. WALLERAND, *o. c.*, p. (36) ss.

Cfr. ms. 541.

Milieu du XIIIe siècle. 153 ff., vélin, o m. 32 × o m. 24. Initiales coloriées et ornées.

De larges espaces ont été ménagés dans le texte en vue des gloses marginales et interlinéaires. Celles-ci ont été inscrites, de façon irrégulière, jusqu'au fol. 131 v. Au bas du fol. 153, le nom du scribe : *Qui se scribebat, Ghysbertus nomen habebat.* Reliure : veau sur bois. Dos renouvelé.

539

PHILOSOPHIA ET SUMMA GRAMMATICALIS MAGISTRI IOHANNIS DE DACIA. ITEM COMMENTUM SUPER MINUS VOLUMEN.

Ancien titre sous corne.

Fol. 1-2 r^b. [INTRODUCTION A LA PHILOSOPHIE EN GÉNÉRAL.]

Inc. *Ut vult philosophus in prima philosophia, consideratio de virtute uno modo facilis et alio modo difficilis.*

Expl. *Sic igitur patet circa philosophiam in generali, et hec sufficiant et habentibus proficiant.*

Déjà dans cette courte introduction, l'auteur fait une part large à la science du langage.

Fol. 2 v.-3 r^a, blancs.

Fol. 3 r^b-7 v^b. PHILOSOPHIA MAGISTRI IOANNIS DE DACIA.

Inc. *Humana natura multipliciter est ancilla.*

Expl. *dicta in generali sufficiant.* Explicit philosophia magistri Ioannis Daci et continenter incipit sua summa grammaticalis, que ex philosophia prehabita dicitur dependere. Et sciendum quod hec philosophia ante summam nominatam per multum temporis in opere suo restitit introducta. Data autem fuit hujusmodi summa anno Domini M° cc° octogesimo.

Les points traités sont au nombre de cinq :

« Primum est quid sit scientia. Secundum est propter quid sit appetenda et querenda. Tertium quomodo fuit introducta in esse, ut habeamus modum acquirendi scientiam. Quarto qualiter impeditur aliquando in sui acquisitione et acquisita aboletur. Quintum est de eius partibus, que sunt et quot sunt, ut sciamus distinctionem et divisionem scientiarum. »

Ces cinq points, qui font l'objet de la philosophie, sont repris, fol.

8 r^a, **dans la somme grammaticale, ce qui explique, d'après l'explicit qu'on vient de lire, la connexion qui existe entre ces deux traités.**

Fol. 8-51 v. SUMMA GRAMMATICALIS MAGISTRI JOANNIS DE DACIA.

Inc. *Con* (sic) *grammatica quam antiqua auctoritas latin. quod ydyoma philosophorum est, docere protestatur, una sit septem scientiarum liberalium.*

Expl. mutil. *dictionis vel aliter.*

L'auteur rappelle d'abord, par transition, les cinq points qu'il a traités dans sa Philosophie, et que nous avons reproduits plus haut. Il dit ensuite que sa somme grammaticale comprendra quatre chapitres:

« 1° Primo intendimus principia grammatice ratiocinative inquirere;

« 2° Secundo principia grammatice, ad faciliorem instructionem, in summa artificialiter recolligere ;

« 3° Tertio ex principiis inquisitis et summatim recollectis passiones grammaticales, cuiusmodi sunt communitas, perfectio, etc. causaliter proponimus investigare.

« 4° Quarto recolligendo passiones ex principiis investigatis et docendo sufficientiam constructionum et omnium differentiarum constructionis et que principia quarum constructionum cause sint ad omnes passiones grammaticales universaliter et quasi in capitulo principia volumus applicare. »

La subdivision du premier chapitre est établie de la façon suivante :

« Primo igitur principia grammatice via ratiocinativa inquirendo, dubitabimus hoc ordine :

« A. Primo circa principia grammatice in communi.

« B. Secundo descendendo specialiter ad omnia principia grammatice, tam ex parte vocum quam ex parte rerum et modorum signandi. »

Dans le premier point, l'auteur prouve, fol, 8 r^a, que la grammaire est une vraie science, par cette raison :

« Scientia nichil aliud est quam cognitio passionum per suas causas et principia... Sed grammatica est cognitio passionum grammaticalium per suas causas et principia. »

Au fol. 8 r^b il soulève l'objection portée contre l'unité de la science grammaticale, parce que la grammaire diffère de peuple à peuple, d'après la multiplicité diverse des langages. Il y répond en ces termes fol. 8 v^a :

« Scientia est una que est unius generis subjecti partes et passiones prebens. Sed grammatica habet unum subjectum, quod supponitur esse ad presens modus construendi, cujus partes et passiones grammatica considerat. » Le *modus construendi* est ce qu'il appelle *unum scibile*, d'où il conclut à l'unité de la grammaire.

Au fol. 12 r^b commence le second point du premier chapitre, traitant d'abord de la lettre et de la syllabe.

Au fol. 28 r^b l'auteur passe aux différentes parties du discours par la transition suivante :

« Expeditis dubitationibus que specialiter spectabant ad dictionem, et in se et in comparatione ad modos signandi, accedendum est nunc ad partes orationis, circa quas primo queremus de ipsis in generali, secundo in speciali, descendendo debito ordine ad quamlibet partem orationis. Ad hoc circa partes orationis primo queremus de eis quantum ad sua essentialia, secundo queremus de ipsis quantum ad earum numerum et sufficientiam. Et quia partes orationis sunt partes per suos modos signandi, ad maiorem evidentiam dicendorum, queremus decem. Primum est utrum grammaticus considerat modos signandi. Secundum utrum partes orationis distinguuntur per sua signata vel per suos modos signandi », etc.

Cette partie continue jusqu'au fol. 32 r^a^, où elle est complétée d'après le plan suivant :

« Postmodum prosequitur circa numerum et sufficientiam partium orationis, et queritur tantum unum : quot scilicet sint partes orationis, et videtur quod sint tantum due, quia dyalectica tantum ponit duas partes orationis. Ergo sunt tantum due. »

Au fol. 32 v^a^ : « Proceditur ad dubitandum in speciali circa partes orationis. »

C'est dans cette partie, aux noms substantifs, que notre texte est interrompu.

On sait fort peu sur Jean *Dachus*, *Dacus*, le Danois, qui écrivit vers la fin du XIIIe siècle.

V. DENIFLE, *Chartularium Univ. Paris.*, I, p. 536, n° 464 ; — *Hist. litt. de la France*, XXX, 293, où l'on trouve indiquées deux autres copies de la Somme grammaticale ; — M. GRABMANN, *o. c.*, p. 24-25.

Fol. 52-69 v. QUESTIONS DISPUTÉES SUR LE « Minus volumen » DE PRISCIEN.

Inc. *Quoniam in ante expositis libris. Queritur utrum de sermone possit esse scientia*, et videtur quod non, tali ratione : omnis scientia est de universali, sed sermo non est universalis. Ergo..

Deinde queritur utrum de grammatica sit scientia, fol. 52.

De ordinatione logice ad grammaticam, fol. 52 v.

De subalternatione harum (logice et grammatice), fol. 52 v.

Quid sit subjectum in tota grammatica, fol. 52 v.

Etc.

« *In superiori libro.* » *In hoc libro principaliter determinatur de constructione nominis et verbi*, fol. 65.

Etc.

Expliciunt objectiones a magistro Hugone de Abbatisvilla et sunt Willelmi Franchome, fol. 69 v.

Fol. 69-97 v. TABLE ANALYTIQUE DU « Minus volumen ».

Fol. 97 v. Une question au sujet du « Liber Priorum » : *Utrum conclusio sit de essentia ipsius syllogismi.*

Fin du XIIIe, commencement du XIVe siècle. 97 ff. de vélin, 0 m. 225 × 0 m. 17. Écriture de mains différentes, à deux colonnes jusqu'au f. 51 v. ; le reste à longues lignes.

Au bas du fol. 2 r^b^ :

Qui me scribebat, hoc nomen, Petrus, habebat.
Anno quo tociens scribere visus erat.

Reliure : veau sur bois. Dos renouvelé.

540

ETHIMOLOGIA VERBORUM.

Titre doré sur dos.

Fol. 1. Inc. *Difficiles studeo partes quas Biblia gestat pandere.*

Fol. 165 v°. Expl. *Zorobabel... verba sunt Isido*[*ri*], *ethimol*[*ogiarum*] VII°. Suivent 10 vers hexamètres.

Ce vocabulaire, un des ouvrages les plus classiques du moyen âge, a pour auteur Guillaume le Breton.

V. *Hist. litt.*, XXIX, 584.

Cf. ms. 537, f. 49-70ʳ.

Nous possédons le même ouvrage dans notre ms. 95.

XIIIᵉ s., 165 ff. de vélin, o m. 20 × o m. 15. Texte à deux colonnes. Initiales coloriées et ornées. Reliure : veau sur carton. Les plats sont ornés des armes dorées de l'abbé Campmans et des Dunes.

541

EBRARDI GRECISMUS.

Fol. 1. Inc. *Quoniam nubilo ignorantie turpiter.*

Fol. 50ᵛ. Expl. mutil. *tensum vel tentum sic esum dicit et estum.*

Ce dernier vers se lit f. 149 v. du ms. 538, qui renferme l'ouvrage complet. Il manque ici une bonne centaine de vers.

Nous trouvons une autre lacune entre les f. 9 et 12.

Cf. ms. 538.

XIIIᵉ s., 59 ff. de vélin, o m. 23 × o m. 17. Texte à longues lignes, avec initiales coloriées et ornées.

Au bas du f. 5, une prière liturgique à l'archange saint Michel.

Une partie de la marge du f. 9 a été enlevée, le f. 10 est blanc et le f. 11 a été à peu près complètement arraché.

Gloses marginales et interlinéaires.

Reliure : Carton. Sur dos, une petite étiquette porte le n° 141

542

HUGUTIO.

Ancien titre sous corne.

Fol. 1. Inc. *Cum nostri prothoplausti prevaricata suggestione.*

Fol. 257 vᵇ. Expl. *Zoastrum minimum sydus.*

C'est la *Summa de vocabulorum significationibus* de Hugutio (Uguccione) de Pise, évêque de Ferrare, qui vécut vers la fin du XIIᵉ siècle.

V. *Hist. litt.*, XXII, 9.

Cf. ms. 543.

Fin du XIVᵉ s., 258 ff. de vélin, o m. 356 × o m. 27. Texte à deux colonnes. Initiales coloriées et ornées.

En haut du 1ᵉʳ fol. ce titre, écrit de la main du prieur des Dunes,

Charles De Visch : *Summa Eugutii Pisani de vocabulorum significationibus, derivationibus, etc.*

Au bas du fol. 258 v^b : *Scriptor opus siste. Tenuit labor iste nimis te.*

Reliure : veau sur bois. Dos renouvelé.

543

SUMMA UGUTII.

Titre doré sur dos.

Fol. 1-9 v^b. Table alphabétique.

Fol. 10, blanc.

Fol. 11-195 r^a. *Summa Eugutii.*

Inc. *Cum prothoplausti nostri suggestiva prevaricatione.*

Expl. *Zoastrum minimum sidus.*

Ce ms. présente des différences rédactionnelles très grandes avec le ms. 542.

Cf. ms. 542.

Fin du XIVe s., 195 ff. de vélin, 0 m. 355 × 0 m. 24. Écriture à deux colonnes. Belle initiale, relevée d'or, fol. 11 ; d'autres en couleur et ornées.

Plusieurs feuillets ont été arrachés entre les ff. 153 et 154.

Reliure : veau sur bois. Dos renouvelé.

544

MODI SIGNIFICANDI MICHAELIS DE MORBOSIO. MAIUS ALPHABETUM ALEXANDRI ET TRACTATUS PETRI HELYE QUI DICITUR ABSOLUTA, CUM QUIBUSDAM ALIIS.

Titre autrefois sous corne.

Fol. 2-49 v^a. MODI SIGNIFICANDI MICHAELIS DE MARBASIO.

Inc. *Secundum quod vult philosophus in principio secundi veteris metaphysice, id quod solus homo invenire potest de cognitione veritatis et falsitatis in hac vita valde modicum est.*

Expl. *tam essentialibus quam accidentalibus hec sufficiant.* Expliciunt modi significandi singularum partium orationis, editi a magistro Michaele de Marbasio, bono clerico et famoso etiam socio. Bene intellexit Boecium, quoniam fere omnia quae dixit ab eo accepit.

V. sur Michel de Marbais, contemporain de Siger de Courtrai, *Hist. litt.*, XXI, 267 ss. ; G. WALLERAND, *o. c.*, p. [43] ss. ; M. GRABMANN, *o. c.*, p. 21.

Fol. 49 v^a, v^b. PARTIE D'UNE ADDITION AU TRAITÉ PRÉCÉDENT.

Inc. *Ad cognitionem eorum que in gramatica solent dici, notandum quod grammaticus de partibus orationis considerat et etiam de modis signandi earum.*

Expl. mutil. *Sicut enim non differt res ut existens et ut intellecta, sic non differt proprietas rei...*

Fol. 50-92 v^a. MAIUS ALPHABETUM ALEXANDRI.

Inc. ***Vocum pro posse paro significata docere.***
Fiat celestis presens michi gratia Patris,
Ut possim pueris prodesse minusque peritis.

Expl. *Zucocaria flos agri casti.* Explicit maius alphabetum. Ego Alexander Dei misericordia opus inceptum peregi. Si autem aliquibus catholicis ad illud legendum operam adhibere placuerit, eos misericorditer exoro, quatinus Dominum nostrum Jhesum Christum ut mei misereatur exorantes, et bonorum que egerint me participem recipientes, mecum gratias agant summe Trinitati, simplici Deo, Patri et Filio et Spiritui Sancto, quem confiteor, quem adoro, qui vivit et regnat per omnia secula seculorum. Amen.

Relevons quelques vers qui font connaître la nature de cet ouvrage :

« Istius est operis eadem sententia primo,
« Sed tamen in verbis multum variatur ab illo,
« Prosaque quod dat ibi volo versibus hic reserari ». fol. 50 r[a].

« Que de grammatica sunt visa michi magis apta,
« In Doctrinali pro magna parte locavi.
« Compotus et quicquid circa ius officiumque
« Ecclesie dixi, ponuntur in Ecclesiali. » fol. 50 r[b].

« Hic sunt inserta quedam quandoque iocosa,
« Ponere que poterit vel non apponere scriptor,
« Ut gratum fuerit vel non prodesse videbit. » fol. 50 r[b].

« De quovis genere rerum fit mentio, sicque
« Nullus miretur si grande volumen habetur. » fol. 50 v[a].

Alexandre de Villedieu, grammairien et poète du XIII[e] s., est particulièrement célèbre par la grande vogue dont jouirent longtemps ses écrits grammaticaux, surtout le *Doctrinal.*

V. *Hist. litt.,* XVIII, 202 ss. ; XXII, 69-70 ; THUROT, *o. c.*, p. 29 ; G. WALLERAND, *o. c.*, p. (37) ss.

Fol. 92 v[b]-93 v[b]. Annotations diverses.

Sentences morales ; vers sur les péchés capitaux, représentés par un arbre, dont le tronc et les branches portent inscrits les noms de ces péchés et de leurs suites, fol. 93 r[b] ; une annotation historique, fol. 93 v[a] :

« VI[o] kal. Augusti anno Domini M[o] CC[o] XIIII[o]
« Ferrando capto cum multis, rex redit apto
« Agmine, cedit Oto. Regi sunt omnia voto. »

Fol. 94-117 v[a]. ABSOLUTA PETRI HELYE.

Inc. *Absoluta cuiuslibet discipline perfectio duplici comparatur exercitio... **Primum** igitur quid sit constructio et quot sint eius species exponemus.*

Expl. [Liber secundus] ; *studeo legere sicut studeo bene.*

L'ouvrage est divisé en deux livres et en 44 chapitres. Le second livre commence au fol. 110 r[a] : *Incipiendum est a nominum constructione, quoniam nomen est dignius verbo.*

Cf. ms. 534, fol. 111-130 v[b]

Fol. 117 v^a-v^b. COURTE DISSERTATION SUR L'ART GRAMMATICAL, commençant par ces mots :

Quum grammatica prima est artium, in eius initio videndum est que sit generalis causa omnium artium.

Fol. 118-125 v^a. QUEDAM NOTULE EXTRACTE A PETRO HELYE.

Inc. *Ut dicit Petrus Helyas (supra grammaticam) : grammatica est scientia gnara recte scribendi, recte intelligendi, recte pronuntiandi.*

Expl. *Omnis constructio.*

Fol. 125 v^a-v^b. ANNOTATIONS DIVERSES SUR LES NOMS ET LES VERBES.

XIIIe s., 125 ff. de vélin, 0 m. 28 × 0 m. 205. Ecriture de mains différentes, à deux colonnes. Initiales en couleur. Fol. 117 v^a, cette annotation du scribe :

Hic pennam fixi, poenitet me si male scripsi.

Sur le r° du 1er fol. est écrite une formule mnémotechnique en vers latins, qui aide à retenir l'ordre de procession suivi dans un couvent de moines pour conférer l'Extrême-Onction et ensevelir les membres de l'ordre défunts. Sur le verso du même fol., des exercices de plume de nature diverse.

Le texte du fol. 49 a été partiellement raturé. Reliure : parchemin sur carton. L'ancien titre sous corne est collé à l'intérieur du premier plat.

546

MORALE SCOLARIUM JOHANNIS DE GARLANDIA. DICTIONNARIUS EIUSDEM. CLAVIS COMPENDII ET MISTERIA IPSIUS. QUEDAM DICTAMINA ET MULTI ALII TRACTATUS IN GRAMMATICA.

Ancien titre sous corne.

Au point de vue des études grammaticales dans la première moitié du XIIIe siècle, Jean de Garlande occupe une place des plus importantes. Né en Angleterre, vers 1180, il vécut en France, étudia et enseigna à l'université de Paris. C'est dans cette ville qu'il fut surnommé de Garlande, du nom du quartier qu'il habitait au pied de la montagne Sainte-Geneviève. Il mourut vers le milieu du XIIIe siècle.

Poète et grammairien, il écrivit sur une foule de matières. Sa versification est laborieuse et de lecture pénible. Vrai philologue, on trouve partout chez lui un souci constant de la terminologie et du vocabulaire.

Sa biographie et la liste de ses œuvres authentiques, la plupart inédites, ont fait l'objet de longues recherches. L'étude complète de cet auteur reste encore à faire.

Voir *Hist. litt. de la France,* VIII, 83 ; XXI, 369 ; XXII, 11, 77, 949 ; LAUDE, *Catalogue des manuscrits de la Bibl. publ. de Bruges,* Bruges, Tanghe, 1859, p. 480 ; HAURÉAU, *o. c.* ; E. HABEL, *o. c.* ; Ch.-A. HASKINS, *o. c.* ; E. FARAL, *o. c.*

Fol. 1-2 v. ALEXANDER NEQUAM DE NOMINIBUS USTENSILIUM.

Inc. *Qui bene vult disponere familie sue.*

Expl. mutil. *Quod idem est quod aqua sali mixta.*

Nous avons ici les 15 premières lignes du fol. 80 du ms. 536, qui comprend cet opuscule en entier.

Fol. 2 r.-12. MORALE SCOLARIUM.

Incipit morale scolarium :

Scribo novam sathiram, sed sic ne seminet iram.

Expl. *Ad te sublimes et fructu ventris opimes.* Explicit morale magistri Johannis de Garlande.

Le caractère propre de cet ouvrage inédit est bien déterminé par la glose initiale, fol. 2, que nous transcrivons ici :

« In hoc igitur libello reprehensione sathirica vitiis moralitas opponitur, rusticitati curialitas adversatur, theologie misterium intereretur, et causa quarumdam naturalium rerum enodatur, ut per hec introductoria scolastice vite ruditas elimetur. »

Deux chapitres, *De curialitatibus in mensa conservandis* et *De ministratione decenti,* furent publiés par Leandro Biadene, sous le titre : *Cortesie da tavola di Giovanni di Garlandia* [1].

Au point de vue de l'histoire des doctrines grammaticales, nous croyons faire œuvre utile en copiant ici le treizième chapitre.

Fol. 6 v. *Persuaseo* (sic) *ad libros philosoficos, propter quedam moderna scripta inutilia, ad laudem cancellarii* [2].

Heu, livor Sathane conatur vespere, mane,
Ad celus immane, studium quod fiat inane.
Artes ancillas legis corrumpit et illas
Turbat tranquillas, spargens pro luce favillas.
Civibus insanis clerus parit Aurelianis.
Justos pro vanis reputant, sanctosque prophanis.
Stant retro prelati, nec pro grege [3] sunt clipeati ;
Nolunt arma pati [4], gaudent tamen esse mitrati,

1. *Sonderabdruck aus den Mélanges Chabaneau, Romanische Forschungen,* Band XXIII, Erlangen, Junge, 1907.

Ces chapitres sont rappelés par Jean de Garlande et complétés plus loin dans son *Commentarius,* fol, 83 r^a^, où nous lisons :

« Phisicale est in mensa tacere, ut calor ad interiora revocetur, id est ad digirendum cibaria. Preterea curiale est tacere et virtuosum, ne stolida verba evagentur et ne in media masticatione fiat eructatio turpis et dentium detectio, transglutioque periculosa per epiglotum vel ysophagium. Post assumpta cibaria temperate, reddantur grates Deo manibus lotis, sicut consuetum est in curiis quibusdam. Post prandium in curiis mos est potare parumper, assumpta licentia discedendi. Quid agendum sit ad sanitatem post prandium, in *Morali scolarium* continetur. »

2. Le chancelier, dont nous lisons plus loin le prénom *Odo*, et dont il est fait mention encore fol. 146 v^b^, semble être Eudes de Châteauroux [Castro Radulphi], chancelier de l'église de Paris 1238, cardinal légat 1245. V. *Histoire littéraire de la France,* XIX, 228 ss. DENIFLE, *Chartularium,* I, 69, note.

3. *Glose* = clericorum.

4. = martirizari.

Scrutatorque veri pie cancelle cleri
Clerus naucleri [1] vite te letatur haberi.
Effigiarum mundum nomen geris, Odo, rotundum,
Quo virtus fundum teres [2] in te fundat habendum.
Florent [3] auctores et ab illis floridiores
Fiunt doctores et lectris [4] utiliores.
Doctrinale [5] viam claudens ad philosophiam,
Non gerit egregiam linguam sed tautologiam,
Tardat preproparos [6], nec ducit ad ardua cleros,
Fallit garciferos, omnis probus hoc probat heros [7].
Multociens fantur bona qui furiis agitantur,
Sed non laudantur ideo, nec magnificantur.
Mendax *Grecismus* est grecis [8] philosofismus [9],
Qui non latinismus est. Turget mons velud ysmus [10].
Non est Dodona Cereris condigna corona,
Fol. 7. Nec sunt scripta bona que deminuunt Elicona.
Nomina declinant prave, male verba suppinant.
Virus quod trutinant pueris pro lacte propinant.
Balsama [11] Galfridi (celerent) male digna relidi [12],
Que prius abcidi, que normis [13] absona vidi.
Hec [14] scit Galterus [15], os cujus inaurat Homerus,
Hornans cincerus [16] studium velud astra Galerus [17],
Palladis ad leta stat nomine reque poeta,
Est cujus meta Phebi victoria leta.
Hic evidetur error dum tempus habetur [18].
Lex talis detur ud quod cecidit revocetur.

1. = rectoris eorum.
2. = rotunda.
3. = coloribus rethoricis.
4. = ad legendum.
5. La glose marginale, au mot *Doctrinale* = Hic reprehenduntur quidam libri inutiles qui multos docent errores...
6. = profestinos.
7. = validus vir.
8. = perfectis.
9. = ridiculosus.
10. = mons inter duo maria.
11. = suaves doctrine.
12. = repelli.
13. = Prisciani.
14. = Quod multa sunt mala in illis libris.
15. = magister Anglie. — S'agit-il ici de Gautier Map ou Mapes ? Ou bien de Geoffroi de Vinsauf, appelé tantôt Goffredus, tantôt Gualtarus, poète latin d'origine anglaise, du XIIIe s. ?
16. = cincerus in doctrinis suis.
17. = Mercurius.
18. = La glose marginale = fit petitio ad cancellarium, quia sapiens est, ut per sapientiam suam et discretionem corrigat et emendet errorem istum, et libri qui debent legi legantur, et illi qui jam ceciderunt per istos duos libros, Doctrinale scilicet et Grecismum.

Hic castigetur qui contra jura movetur.
Libera servetur lex que clerum moderetur.
Multi sunt stulti, sed post a Pallade culti
Fiunt consulti, virtutum robore fulti.
Surgentes mane non vastant tempus inane,
Nec ludunt vane noctu [1] sub luce Diane.

Fol. 12-24 v. DICTIONNARIUS.

Inc. *Dictionarius dicitur libellus iste a dictionibus magis necessariis.*

Expl. *In fine nostre miserie per suam summam misericordiam misereri. Amen.*

Cfr. ms. 536, fol. 95-101 r.

Fol. 25-42 v^b. CLAVIS COMPENDII.

Incipit clavis compendii magistri Johannis de Garlandia :
Artis grammatice dudum compendia quedam.

Expl. *Sicut doctorum novit venerabilis ordo.* Explicit clavis compendii magistri Johannis de Garlandia.

V. *Hist. litt.*, XXX, 287 ; — HAURÉAU, *o. c.*, p. 64 ; — F. HABEL, *o. c.*, p. 14-16.

Nous avons plus loin, fol. 89-145 v., sous le titre de *Ars versificatoria*, le premier livre du *Compendium* lui-même.

La glose initiale de l'*Ars accentandi vel ars lectoria ecclesie*, fol. 53 v.-77, nous fournira quelques détails sur l'origine et le rapport réciproque de ces trois ouvrages.

La *Clavis Compendii* commence par vingt et un vers d'introduction. L'auteur s'adresse à un ami, à l'intention duquel il a repris la plume :

« Hec tibi collegi, cujus prece metra resumpsi.
« Hec et amore tui tibi dissociata rejunxi.

. . . .

« Hiis simul adjeci tibi que reseranda petisti.
« Illarum quedam poterunt prodesse quibusdam,
« Hic quia parva datur reserans compendia clavis. »

Après vient l'*Invocatio*, quatre vers, fol. 25 r^a. Suivent les différents chapitres dont le contenu est indiqué par des notes marginales. Nous y trouvons par exemple :

Fol. 25 r^a. *De ordinatione partium orationis :*

« In serie recta que partes arte locantur,
« Ante venit nomen, quia sic substantia poscit.
« Pronomen pendet a nomine. Verba secuntur
« Sicut Donatus assignat in ordine noster. »

Fol. 25 r^b. *Ratio inventionis nominis et verbi.*

« De quo quis loquitur nomen signare videtur.
« Verbum quid de quo dicatur significavit. »

1. = nocte est adverbium secundum Priscianum, sed secundum Grecismum ablativo nocte vel noctu.

Fol. 25 v[a]. *De origine grammatice et aliarum artium.*
Fol. 25 v[b]. *Quod grammatica prior inter alias scientias.*
Fol. 25 v[b]. *Summa totius compendii.*
Fol. 26 r[a]. *De particillis grammatice secundum Ysidorum.*
Fol. 26 r[a]. *Quot declinationes sunt.*
Fol. 26 r[b]. *Que circa grammaticam attenduntur.*
Fol. 26 r[b]. *De quatuor causis inventionis pronominis.*
Fol. 26 r[b]. *De pronominibus infinitis et finitis et minus quam finitis, et quot sunt pronomina.*
Fol. 26 v[a]. *Quare pronomina carent vocativis.*
Fol. 26 v[a]. *Cause principales intellectus.*
Fol. 26 v[b]. *Differentia participii, adverbii et supini.*
Fol. 27 r[a]. *Hic ostenduntur mendacia Grecismi.*
Fol. 27 r[b]. *Amplius de falsitatibus Grecismi.*

« ... Grammatica prostat lacerata capillos.
« De Doctrinali, de Grecismo referamus
« Quod per eos scripta multo meliora fugamus. »

Fol. 28 v[a]. *Item de participio.*
Fol. 28 v[b]. *De nominibus incorporalibus.*
Fol. 28 v[b]. *Item de supinis et gerundivis.*
Fol. 30 v[b]. *De loco ubi hec sunt composita et malitia mundi.*

« Hec tibi Parisius scripsi, cujus status urbis,
« Quem vis scire, malus et silve tramite pejor,
« Prepositis jura dum vendit regia cura,
« Latronum turbis venumdatus est cruor urbis.
« Nostri doctores qui corripuere minores
« Carpant majores solitos evertere leges.
« Terrarum dominos castigent sicut et imos.
« Annone pretium non respicit auctio panis.
« Regum justitia quam levis est et inanis! »

Fol. 30 v[b]. *De correctionibus super Doctrinale.*
Fol. 30 v[b]. *De iis qui prius pergamenum invenerunt.*
Fol. 31 v[b]. *De propriis nominibus contra Doctrinale.*
Etc.
Tout ce long exposé finit au fol. 33 r[a] par ce vers :

« Lima secat ferrum sicut distinctio coma. »

Il est suivi du titre suivant :
INCIPIUNT THEORICE SPECULATIONES SUPRA TOTUM COMPENDIUM
Inc. *Principium vite, proles generosa Marie.*
Fol. 33 r[a]. *Probatur quod sit una trivialis.*
Fol. 33 r[a]. *Probatur esse ars.*
Fol. 33 r[a]. *Probatur quod* VIII *sunt partes.*
Fol. 33 v[a]. *De aliis quatuor.*
Fol. 33 v[a]. *Probatur quod* V *sunt declinationes.*
Fol. 33 v[a]. *Aliud per prius, aliud per posterius. Aliud actuale, aliud potentiale.*

Fol. 33 v^a^. *Aliud unum, aliud plura, et simplex aut compositum.*
Fol. 33 v^b^. *Quod numerus non habet medium.*
Fol. 33 v^b^. *Qua ratione proprium habet plurale.*
Fol. 34 r^a^. *De pronominibus articularibus.*
Fol. 34 r^a^. *De ordine accidentium.*
Fol. 34 r^a^. *De obliquis et rectis in compositione.*
Fol. 34 r^b^. *Theorica speculatio circa pronomina.*
Fol. 35 r^a^. *Probatur ordo accidentium.*
Fol. 35 r^a^. *Quod significatio attribuitur generi.*
Fol. 35 r^a^. *Activum in o, passivum in or.*
Fol. 35 r^b^. *De ordine generum.*
Fol. 35 r^b^. *Est motus actus.*
Fol. 35 r^b^. *De modo.*
Fol. 35 r^b^. *De specie et figura.*
Fol. 35 v^a^. *Quare conjugatio non est nominis.*
Fol. 35 v^a^. *De ordine.*
Fol. 35 v^a^. *De differentia nominis et verbi.*
Fol. 35 v^b^. *De* VI *speciebus neutrorum.*
Fol. 35 v^b^. *De impersonali.*
Fol. 35 v^b^. *Quare non sunt in o.*
Fol. 35 v^b^. *De speciebus nominis et verbi.*
Fol. 36 r^a^. *Substantivum regit adjectivum et e contrario.*
Fol. 36 v^a^. *De speciebus prolempsis.*
Fol. 36 v^b^. *Ratio quare sunt sex casus.*
Etc.

Ce chapitre finit au fol. 39 v^a^ :

« Hec antiquorum pollebat secta virorum. »

Ce dernier vers précède :

Fol. 39 v^a^. PARTES DE SACRA PAGINA EXTRACTE.
Inc. *Quid sit misterium sic versu percipis uno :*
Sacram cum signo rem per misteria signo.

C'est une espèce de vocabulaire, suivi de quelques données sur l'accentuation des mots latins, et qui se termine, fol. 42 r^a^, par ce vers :

« Plenius ista liber tibi de dictamine monstrat. »

L'auteur trouve à propos de donner encore ici les noms des principales maladies, fol. 42 r^a^ :

Accipe morborum que poscis nomina quedam,
Grammatice videar quamvis excedere metas.
Lector in hiis etiam sibi me cognoscet amicum.

Et fol. 42 v^a^ il ajoute :

Hec quesita tibi medicine nomina mitto,
Multaque pretereo que sunt onerosa legenti
Et fessus retraho lingue spirantis habenas.

Le sentiment de fatigue, qu'il exprime si bien, est plus apparent que réel, car il ne manque pas d'ajouter encore quelques vers, ce qui nous conduit, fol. 42 v^b^, à l'explicit final de la *Clavis compendii,* indiqué plus haut.

Fol. 42 v^b^. PARALLÈLE ENTRE LE COQ ET LE PRÉDICATEUR.

Un espace blanc laissé dans cette colonne a reçu les curieuses annotations qui suivent. Ces lignes n'ont rien qui étonne à une époque où la littérature des bestiaires était à la mode, mais il est surprenant de voir ce que la grammaire peut avoir de part dans ce naïf parallèle.

Gallus habet septem virtutes. Le coq possède sept qualités : 1° avant de chanter, il se bat les flancs ; 2° pour chanter il tend le cou en haut ; 3° il ne chante qu'à des heures fixes ; 4° il partage la graine avec ses poules ; 5° il attaque ses rivaux ; 6° il ferme les yeux contre l'intensité de la lumière solaire ; 7° à l'approche de la nuit, il monte sur son perchoir en bois et n'en descend qu'à la levée du jour.

Ces qualités conviennent au bon prédicateur :

1° Avant de prêcher il doit se mortifier ; 2° il doit lever le cou bien haut, c'est-à-dire ne prêcher que des choses célestes et non terrestres ; 3° il faut qu'il prêche, non à tout instant, mais à des heures déterminées ; 4° il doit communiquer volontiers sa science à autrui et ne pas agir comme ceux qui ne veulent pas prêter leurs livres à d'autres ; 5° il doit attaquer les hérétiques ; 6° il faut qu'il sache fermer les yeux contre l'éclat du succès ; 7° au moment de la tentation, qu'il monte sur son perchoir, c'est-à-dire qu'il considère la croix et la passion du Christ, et qu'il n'en descende que lorsque tout danger a disparu.

Mais outre ces sept qualités, il en est une autre encore que le coq possède. Avant de dresser le cou pour chanter, il s'incline un peu. Ainsi doit faire le clerc, en s'inclinant d'abord quelque temps vers les arts libéraux, mais non pour s'en occuper toujours, car il doit redresser le cou, c'est-à-dire monter vers la science supérieure, *id est ad universitatem vel theologiam ire*, et ne pas faire comme ceux qui trouvent tant de charmes aux études de la logique ou de la grammaire, qu'ils ne peuvent se décider à s'en séparer jamais, *sicut maritus nescit discedere ab uxore.*

Fol. 43-53. MISTERIA SANCTE ECCLESIE.

Hic incipiunt misteria magistri Johannis de Garlandia.

Anglia quo fulget quo gaudent presule claro
Londonie, quo Parysius scrutante sophiam.
Est domus ecclesia Domini, summus faber illam.

Expl. *Lucida, thuribulum redolens, campana sonora.*

Finito libro sit laus et gloria Christo.
Expliciunt misteria sancte ecclesie.

V. *Hist. litt.*, XXI, 371 ; XXII, 96, coll. p. 949. — Fragments édités dans *Patrol. latine,* CL, 1575-1577. Cfr. HAURÉAU, *o. c.*, p. 2 ss. ; E. HABEL, *o. c.*, p. 6.

Fol. 53 v.-77. ARS ACCENTANDI VEL ARS LECTORIA ECCLESIE.

Inc. *Ecclesie sacre modulans lex metrica servit.*

Expl. *Scribe per hanc recte, lege recte, construe recte, Metrifica recte, voces intellige recte.* Explicit ars lectoria ecclesie.

V. *Hist. litt.*, XXX, 286; — SCHELER, *o. c.*, p. 8; — E. HABEL, *o. c.*, p. 17.

La glose initiale nous fournit quelques données intéressantes sur la nature et la composition de cet ouvrage :

« Ad materiam igitur concurrunt iste tres partes grammatice, videlicet prosodia, ortographia et sintasis... Prosodia est ars recte accentandi... Orthographia est ars recte scribendi... Sinthasis est ars recte construendi dicta... Causa principalis est duplex. Una, scilicet amicitia. Altera moderni temporis ignorantia, propter lapsum auctorum, quia, ut evitarentur vitia in communi sermone et vitia solecismi, conati sunt duo moderni auctores, videlicet *Grecismus* et *Doctrinale*, tradere doctrinam declinandi, construendi, breves et longas cognoscendi et recte secundum accentum pronuntiandi et diffiniendi figuras ad grammaticam pertinentes, qui tamen omnia insufficienter fecerunt. Unde ad eorum suppletionem, artifex hujus operis quod pre manibus habemus, quoddam opus composuit quod *Compendium* intitulavit, et hoc presens opus ab ipso dependens, et aliud opus quod etiam *Clavem Compendii* intitulavit. Titulus est : Incipit *ars accentandi vel ars lectoria ecclesie.* » Cfr. fol. 25-42 v^{b}.

Nous transcrivons ici les vers suivants avec leurs principales gloses, à raison du haut intérêt qu'ils présentent :

Fol. 76 v.

[B]ene puer [1] pueris ostendi nomina rerum [2]
Artificumque suos mores in apta coegi.
Est liber [3] evolvens rithmos, dictamina, metra [4]
Hinc [5] dictare scias et metris jungere rithmos.
Integumenta [6] canit alius [7] ne philosofantem [8]
Fabula decipiat. Est quartus gesta revolvens
Ecclesie, celebresque Deo sub rege triumphos [9]
Quintum grammatice statuunt compendia, quorum
Pars [10] est accentum, demonstrat cartula [11] presens.
Urine signa, morbos, medicamina scripsi [12].

1. *Glose* = juvenis, puer existens ego.
2. = quantum ad dictionnarium.
3. = alius.
4. = quia in sua Arte poetica docet modum rithmandi, versificandi et dictandi.
5. = ex illo libro.
6. = allegorias. Et est integumentum veritas sub specie fabule palliata. Hoc dicit quantum ad Integumenta.
7. = liber.
8. = aliquem magistrum loquentem de filosofia.
9. = hoc dicit quantum ad librum de triumphis ecclesie.
10. = Compendii.
11. = pagina.
12. = ego Johannes. Quantum ad librum medicinae, et vocatur Memoriale Johannis.

Carmina virginee liber epythalamica palme
Continet [1]. Hinc [2], lector, pete scemata [3], prelia, palmam [4].
Quod poterunt alii [5], poterit tibi reddere solus [6].
Hiis scriptis alia poteram conjungere multa [7],
Sed veniam viciis [8] magis est orare decorum.
Non habet in nostris [9] finem perfectio factis.

Fol. 76 v. [V]os [10] vates magni, quos aurea comparat auro
Fama, favete michi quos Aureliani ab urbe [11]
Orbe trahit toto Pegasei gloria fontis.
Vos Deus elegit per qüos fundamina firma
Astent eloquii [12]! Studio succurrite, cujus

Fol. 77 r. Fundamenta [13] labant, emarcet lingua latina.
Autorum vernans [14] exaruit area, pratum
Florigerum Boreas [15] flatu livente [16] percussit.
Ista tamen cinerum quasi relliquias [17] superesse
Scripta dedi [18], collecta trahens compendia [19] mecum.
Metrica [20] si pereat discors prolatio [21] vocum,
Fiet in ecclesiis et cleri devius error.

Fol. 77 r. Parisius superis [22] gaudens tanqüam paradisus
Philosophos alit egregios, ubi quicquid Athene
Quicquid Aristotiles, quicquid Plato vel Galienus
Ediderant legitur, ubi pascit pagina sacra
Subtiles animas celesti pane refectas.

1. = in libro qui intitulatur Epytalamicum carmen loquitur de deliciis sponsi et sponse. — Plus loin, fol. 91 r. Virginis in libro sunt plenius ista relata.
2. = ex carmine epytalamico.
3. = rhetoricos colores.
4. = victoriam Christi et Marie.
5. = libri.
6. = ille liber.
7. = ut Commentarium, Stellam maris, Assertiones fidei, Morale scolarium, Georgica spiritualia. — Voir *Stella maris*, fol. 84-88v.
8. = propter vitia librorum.
9. = humanis.
10. = invocatio ad auctores quibus deficientibus succumbet accentandi doctrina et latinitatis eloquentia.
11. = Aurelianensis.
12. = eloquentie.
13. = libri quantum ad grammaticam.
14. = florens.
15. = diabolus.
16. = invidia.
17. = post combustionem.
18. = ego.
19. = utilia extracta ab autoribus.
20. = ars versificandi..
21. = pronuntiatio.
22. = viris sanctis.

Inter quas, Galtere [1], meam studiose camenam
Ingeniis suppono tuis. Tua gloria stabit
Extendetque tuum ventura in secula nomen.
Mille ducentenis ter denis quatuor annos
Conjungas annis sunt [2] edita scripta Johannis [3]
Post Incarnatum sacra de Virgine Verbum,
Istaque Parisius est ars lectoria lecta.
Me vivente meis applaudit gratia dictis
Parisiusque [4] meam gaudet celebrare camenam,
Quamvis sepe stilum livor puerilis [5] obumbret [6].

Fol. 77 v.-83 v^a. COMMENTARIUS.

Incipit commentarius magistri J. de Garlandia. *Commentarius liber iste curialium personarum et rerum et vocabulorum preorditur.*

Expl. *Quod vobis a mundi principio preparatur. Hec edita sunt Parisius sub venerabili cancellario Parisius* (sic) *Galtero de Castello Theodorici, anno Domini* M° CC° XL° *sexto gloriosum et venerabilem partum beate Marie Virginis demonstrante.* Explicit commentarius magistri J. de Garlandia.

L'auteur détermine lui-même, dès les premières lignes, la nature de cet ouvrage :

« ...Pauca dictionum granula que Deus michi contulit, videlicet grammaticam competentem, divitibus postulantibus [7] publicabo. »

Le *Commentarius* ressemble au *Dictionnarius*, fol. 12-24 v., auquel il donne des renvois, fol. 79 r^b, 80 v^b, de même qu'au *Morale scolarium*, fol. 83 r^a. La préoccupation constante de notre auteur est le vocabulaire, bourré d'explications étymologiques [8], avec la traduction de plusieurs mots en vieux français. Au mot *Olivetum*, fol. 78 r^a, il ne manque pas, comme il aime tant à le faire, de décocher un trait contre le *Grécisme* : « Et notandum quod olea est fructus olive. Grecismus mentitur dicens contrarium. »

Le glossateur a ajouté à la suite du texte, fol. 83 v^b, quelques notes fort instructives. Nous y relevons les points qui suivent :

« ...Grammatice supponitur liber iste, quia notabiliorum signationes exponit, quas triviales scire desiderant et scolares... Titulus est : Incipit liber commentarius curie, id est expositorius negotiorum curialium

1. = Il ne s'agit pas ici, d'après HAURÉAU, *o. c.*, p. 53-55, du chancelier Gauthier de Château-Thierry, mais de l'archevêque de Sens Gauthier de Cornut.
2. = tunc sunt.
3. = compositoris hujus libri.
4. = scolares Parisienses.
5. = invidia puerorum.
6. = obscuret. — Ces quinze derniers vers sont reproduits par HAURÉAU, *o. c.*, p. 54, d'après SCHELER, *Lexicographie*, *o. c.*, p. 8.
7. = ut frater regis Anglie.
8. A propos des chars belges, dont parle Virgile, il nous enseigne, fol. 79 v^a, l'étymologie du nom de Belges : *Belge, id est Belvacenses gallici.*

et vocabulorum... per magistrum I. de G., qui librum istum composuit domino A. [1] fratri regis Anglie gloriosi principis Anglicorum. »

Cf. LAUDE, *Catalogue*, *o. c.*, p. 479; — HAURÉAU, *o. c.*, p. 79-80; — E. HABEL, *o. c.*, p. 11.

Fol. 84-88 v. « Stella maris ».

Inc. *Fecit Deus mirus mirum*
Dum flos virum, nec per virum
Miro partu protulit.

Expl. *Si mens Deo philomenat,*
Hec duo sufficiunt.

V. *Bibl. hag. lat.*, 5366.

Une glose importante, au bas du f. 84, nous donne les principaux renseignements qui suivent sur la nature et le titre de ce recueil de miracles de la Sainte Vierge :

« Gloriose Virginis miracula compendiose a parvitate mea descripta ab armario sancte Genoveve Parisiensis extracta sunt et a me scolaribus meis Parisius ridmificata (secundum) exemplar vivum, per manum domini prioris ejusdem abbatie publicandum ad nostre speculum honestatis. Cujus [libri] causa materialis est miracula gloriose Virginis et phisicalia, et astrologica et theologica interserta... Unde theologie supponitur et etiam phisice et astronomie. Titulus est ab inscriptione hujus nominis Maria, quod est *stella maris...* »

Au fol. 76 v., note 7, p. 127, nous avons déjà rencontré le même titre.

V. HAURÉAU, *o. c.*, p. 7-8; — F. HABEL, *o. c.*, p. 29. — La note qu'on vient de lire est le plus ancien document que l'on possède sur la bibliothèque de l'abbaye de Sainte-Geneviève.

Fol. 88 r. UNE ALLUSION A UN OUVRAGE DE JEAN DE GARLANDE.

Une annotation de trois lignes, en haut du feuillet : « Hee sunt dotes hominis glorificati, *sicut habetur in libro magistri J. de Gar.* Corpora sanctorum fulgebunt forcia », etc.

Fol. 89-145 v^{b}. ARS VERSIFICATORIA.

Inc. *Gramaticam trivialis apex subicit sibi firmo*
Pro pede.

Expl. *Ut sit tibi vite corona prestita.* Explicit ars versificatoria.

V. *Hist. litt.*, XXX, 287; — HAURÉAU, *o. c.*, p. 48-53; — E. HABEL, *o. c.*, p. 14. — Cfr. fol. 53 v.-77, *Ars accentandi.*

La glose initiale précède l'ouvrage et occupe la troisième colonne du f. 88 v. Elle nous dit que nous avons ici le premier livre du *Compendium,* et que celui-ci en comprend quatre : « Incipit primus liber, quia sequitur secundus, tertius, quartus. »

Fol. 146-147 r. Une poésie latine commençant par les mots : « Crux concellavit. »

Elle comprend cent trente-quatre vers dont le sens est énigmatique.

1. Au-dessus de cette initiale se trouve en toutes lettres, et écrit de la même main, le nom : *Ademaro.* Cet Adémar était le frère utérin de Henri III, roi d'Angleterre,

Il y est fait mention du roi Saint Louis, de Blanche de Castille, d'Eudes (de Châteauroux ?), qui fut plus tard cardinal.

La pièce semble extraite de quelque ouvrage de Jean de Garlande, car la glose initiale l'appelle *capitulum.*

Fol. 146 r°. Une prose en l'honneur des sept joies de Marie.

Inc. *Gaude Virgo salutata,*
Gaude Virgo fecundata.

Fol. 147 r. Annotations sur les saints sacrements.

Fol. 147 v. INCIPIUNT VERBA ANORMALIA ET DEFECTIVA.

Court extrait, de huit lignes seulement, commençant par les mots : *Sum, es, est. Verbum neutrale.*

Fol. 147 v. DÉFINITION ET DIVISION DES SCIENCES GRAMMATICALES.

« Pars grammatice :

« 1° Ortografia. Hec docet recte pronuntiare vocem literatam articulatam. Hec docet recte scribere, memorandi causa.

« 2° Prosodia docet recte pronuntiare dictiones sub uno spiritu et accentu congruo.

« 3° Diasintetica est ars recte dictiones construere docens ad intellectum prolatas.

« 4° Ethimologia est cognitio significationis singularum dictionum. »

Cette dernière science n'est pas traitée par les auteurs latins, dit la note : « Hec pars a latinis non traditur, quia forte ignoratur. »

Fol. 147 v. FRAGMENT D'UN TRAITÉ DE GRAMMAIRE PHILOSOPHIQUE, TRAITANT DES HUIT PARTIES DU DISCOURS.

Nous transcrivons les premières lignes de ce beau fragment :

« Octo sunt partes : quatuor declinabiles, quatuor indeclinabiles. Hujus ratio est hec : Omne quod signatur, signatur ut substantia aut ut accidens.

« Et appellatur in arte grammatice substantia quicquid ymaginatur per modum rei stantis ; accidens, quicquid ymaginatur per modum rei adjacentis.

« Potest ergo ymaginari substantia : 1° ut nuda, absque omni transformatione ; vel potest ymaginari 2° in motu ad qualitatem ; vel potest ymaginari 3° in dispositione adquisita per motum, nondum tamen quiescendo, sed ulterius movendo ad perfectionem habendam ; vel potest ymaginari 4° prout est in perfectione adquisita quiescens.

« Ex hiis quatuor modis sunt quatuor prime partes.

« 1. Pronomen signat substantiam meram, hoc est non prout est in motu nec dispositione, nec qualitate.

« 2. Verbum signat substantiam in motu.

« 3. Participium signat in dispositione adquisita per motum.

« 4. Nomen signat substantiam cum qualitate qua terminat motum totaliter.

« Et quia substantia sic signata recipit variationem per ea que adjacent ei, erunt hee quatuor partes declinabiles, hoc est per inflexionem vocis diversa[m] signantes substantie variationem secundum suum modum signandi diversum,

« Quatuor cetere partes non signant substantiam, sed ea que adjacent substantie simpliciter sumpte, vel in comparatione ad aliam. Substantia vero prout hic signatur mere nullum accidens recipit supra se ante quam fuerit variata per motum, sed in ipso motu et in eo quod adquiritur per motum recipit variationem... »

Fol. 148. Notes sur le péché originel, suivies de cette donnée astronomique : « CXXVIII milia miliaria sunt a superficie terre ad lunam. »

Fol. 148 v^a^. DE OFFICIIS MAGISTRORUM IN SCOLIS.

Court avertissement, qui fait partie d'un tout plus étendu, et qui ressemble à un décret de synode ou ordonnance d'église :

« Est iterum aliud officium valde periculosum, scilicet magistrorum qui habent instruere alios in scientiis suis, et precipue pueros teneros, et eos fideliter instruere non solum in scientia sed etiam in moribus, cum sepe accipiunt mercedem a parentibus puerorum. Unde si per negligentiam magistrorum pueri deficiant in scientia vel moribus, ipsi fiunt pejores furibus, quia fures subtrahunt pecuniam et isti subtrahunt bonos mores et scientiam. Sepe enim contigit quod cum scolares non tantum sciant unde vivere possint, nec aliud officium sciant per quod vivere possint, sepe per defectum magistrorum efficiuntur fures et latrones vel alii maleficii et ita vadunt in perditionem.

« Unde diligenter injungendum est talibus omnibus magistris scolaribus ut fideles sint in officio suo et diligenter instruant discipulos, ne peccata vel ignorantia discipulorum requirantur a Domino de manibus magistrorum. »

Fol. 148 v^b^. PARISIANA POETRIA MAGISTRI JOHANNIS ANGLICI DE GARLANDIA DE ARTE PROSAICA, METRICA ET RITHMICA.

Inc. *Parisiana iubar diffundit gloria clerus.*

La glose initiale, f. 148 v^b^, détermine fort bien le caractère de cet ouvrage :

« Quinque sunt inquirenda in principio huius opusculi, scilicet : 1° materia ; 2° intentio auctoris ; 3° utilitas audientis ; 4° cui parti philosophie supponatur ; 5° quis sit modus agendi.

« 1° Materia est ars dictandi, metricandi, rithmicandi, sed ad hos tres recedunt quinque, que sunt : ars inveniendi, eligendi, memorandi, ordinandi et ars ornandi.

« 2° Intentio auctoris est tradere artem eloquentie.

« 3° Utilitas est scire tractare quamcumque materiam prosayce, metrice et rithmice.

« 4° Liber ille tribus speciebus philosophie supponitur :

« *a*) Grammatice, quia docet congrue loqui ;

« *b*) Rhetorice, quia docet ornate dicere ;

« *c*) Ethice, quia docet sive persuadet ad honestum, quod est genus omnium virtutum secundum Tullium.

« 5° Is est modus agendi : auctor docet invenire vocabula secundum species intentionis, scilicet substantiva et adiectiva, et verba proprie et translate posita in quolibet genere dictandi, sive sint littere curiales, sive scolastice, sive elegiacum carmen tradatur vel comedia, vel tragedia, vel satyra, vel hystoria.

« Agitur autem aliquando de arte prosayca, aliquando de versificatoria, aliquando de rythmica, sed hoc versus finem, et in fine specialiter de rithmica, ubi formantur X et IX conmetra diversa secundum Oratium, qui tot metra composuit diversa in odis suis, ad aliquod unum quorum reducuntur alia metra et ymni.

« Hac autem ratione modo tractatur de hoc materia, modo de illa, partim et vicissim, quia sunt et aliqui qui exserperent a libro artem prosaycam per se, vel rythmicam, vel versificatoriam pro voluntate sua, et ita libellus per particulos distrahetur. Unde qui partem vult habere, necesse est ipsum habere totum.

« In versibus in principio continentur tria : *a*) occasio operis ; *b*) utilitas, et *c*) prelibatio.

« *a*) Occasio quidem est, non dico causa, quod studium adaugetur Parisius, cuius instrumenta convenit adaugeri, scilicet libri. Unde hac occasione dicitur libellus iste componi ubi dicitur : *Parisiana iubar.*

« *b*) Exprimitur utilitas ubi dicitur : *Prime doctrine.*

« *c*) Operis prelibatio et modus agendi innuitur ubi dicitur : *Quorumdam longi tractatus.*

« Si de titulo queratur, is est :

« Incipit *Parisiana poetria magistri Johannis Anglici de Garlandia, de arte prosaïca, metrica et rithmica*, et sumitur titulus a prima fronte libri. »

Après quinze vers d'introduction, nous trouvons indiqués, sous le titre *Capitula principalia*, les sept chapitres principaux de son ouvrage :

« Presentis tractatus septem suberunt particule :

« I. Primo tradetur doctrina inveniendi, *fol. 149 v*ᵃ.

« II. Deinde dicetur de modo eligendi materiam, *fol. 152 v*ᵃ.

« III. Postea de dispositione et de modo ordinandi materiam, *fol. 155 r*ᵃ.

« IV. Deinde de partibus dictaminis, *fol. 155 v*ᵃ.

« V. Postea de viciis vitandis in quolibet genere dictandi, *fol. 159 r*ᵇ

« VI. Consequenter constituitur tractatus de rhetorico ornatu necessario tam in metro quam in prosa, utpote de coloribus materiam abbreviantibus et ampliantibus ad scribentis electionem, *fol. 162 v*ᵇ.

« VII. Septimo et ultimo subiciuntur exempla litterarum curialium et dictaminum scolasticorum et versuum et rithmorum ordinate compositorum et diversorum metrorum, *fol. 165 r*ᵃ. »

L'auteur passe aussitôt à la définition de la *Prosa* : « Prosa est sermo sentenciosus ornate, sine metro, compositus, distinctus clausarum debitis intervallis », et il donne un *Exemplum prosaïci dictaminis.*

Au fol. 149 rᵇ nous trouvons une *Diffinitio et divisio metri.*

Suivent les différents chapitres mentionnés plus haut, avec, fol. 165 rᵃ, une indication plus détaillée du septième :

« Expletis sex capitulis, sequitur VII capitulum et ultimum quod dividitur in plures partes. In principio huius principalis capituli ponitur exemplum tragedie versifice composite. Unica vero tragedia scripta fuit quondam ab Ovidio apud Latinos, que sepulta sub silentio non venit in usum. Hec est secunda tragedia, cuius proprietates diligenter debent notari. Post tragediam sequuntur dictamina breviter et perutiliter data. Sequitur ars rithmificandi et exempla rithmorum, quibus positis presens opusculum terminatur. »

L'ouvrage finit, fol. 174 v^b, par ce vers :

Optima Baucis anus.

V. G. MARI, *I trattati medievali di ritmica latina*, Milano, Hoepli, 1899. — SCHELER, *Trois traités de lexicographie latine*, *o. c.* ; — D. PITRA, *Analecta novissima spicilegii Solesmensis*, I, Parisiis, 1885, p. 284-285 ; — HAURÉAU, *o. c.*, p. 81-84 ; — FARAL, *o. c.*, p. 46, 378 ss.

Deuxième moitié du XIIIe s. 174 ff., vélin, 0 m. 21 × 0 m. 17. Titres des chapitres et initiales à l'encre rouge. Texte à deux colonnes ff. 25-42, ff. 77 v.-83, ff. 146-147 r., ff. 149-174 ; à trois colonnes ff. 84-88. Gloses marginales et interlinéaires nombreuses.

Plusieurs ff. endommagés : 23, 32, 33, 48, 58, surtout 63. Le fol. 148 est découpé de près de la moitié.

Le titre, autrefois sous corne, se trouve collé à l'intérieur du 1er plat. Ici un double fol. de garde, qui est un fragment d'homélie sur la femme chananéenne, du XIIe siècle.

Sur le fol. 1 v. cette inscription :

Hic liber est Henrici (Su)mi militis.
Tractatus de omnibus et de quibusdam aliis.

Le nom de cet ancien propriétaire du volume est devenu presque illisible. Il a souffert de l'application d'un réactif, dont nous constatons encore l'emploi aux ff. 20 v., 53 v., 54 r.

Exercices de plume divers sur ce même fol. 1 r. Nous y lisons quelques vers mnémotechniques relatifs à la sainte Messe, par exemple :

Frangitur in tres hostia partes : tincta beatos,
Plane sicca notat vivos, servata sepultos.

Encore :

Vim sacramenti non mutat vita ministri,
Sicut deterius non fit pro deteriori,
Sic melius non fit pro presbytero meliori.

Et cette sentence à sens profond :

Actio displicuit, passio grata fuit.

Quelques exercices de plume aussi sur le verso du fol. de garde postérieur. Par exemple, dans le genre lexicographique :

Infans, postque puer, adolescens, post iuvenis, vir.

Reliure : veau sur chêne. Dos renouvelé.

548

ENCHERIDION GAUFRIDI. ORTHOGRAPHIA GUILLELMI LOMBARDI. ITEM FACETUS ET PAMPHILUS CUM ALIIS TRACTATIBUS METRICIS.

Ancien titre sous corne.

Fol. 1-14 r. ENCHERIDION. [PARS PRIOR.]

Inc. *Ad mare ne videar latices differre, camino.*

. . . .

Pluribus officiis anime sunt nomina plura.

Expl. *Ex utero dicti germani sunt uterini.* Explicit liber qui vocatur Encheridion.

Ce traité grammatical sur les synonymes latins est écrit en vers hexamètres. Il est de Matthieu de Vendôme ou de Geoffroi de Vinsauf. Le prieur des Dunes, Charles De Visch, a inscrit cette note en marge du premier feuillet : « Nota Mattheum Vindocinensem a quibusdam dici authorem hujus libri, ab aliis Gaufridum de Trano. »

La glose initiale accuse en effet ce même doute :

« Materia hujus libri sunt nomina synonima, scilicet nomina idem significantia compilare... Titulus talis est : Hic incipit encheridion Galfridi, qui composuit hunc librum et novam poetriam et librum de equivocis, videlicet librum sic incipientem : *Augustus, ti, to,* etc. Alii dicunt magistrum Mattheum Vindocinensem hunc librum composuisse et libros predictos. »

La partie qui traite des noms équivoques ou homonymes suit ici. Les deux parties sont indiquées par le trente-huitième vers, fol. 1 v. :

« Particulis opus hoc placuit complere duabus. »

Fol. 14 r.-27 r. SECUNDA PARS ENCHERIDIONIS.

Inc. *Augustus, ti, to, cesar vel mensis habeto.*

Expl. *Zelus, suspicio, zelus et invidia.* Laus tibi Christe, quoniam liber explicit iste. Hoc opus fuit peractum anno Domini M°CCC°XXXII° feria secunda post decollationem beati Johannis Baptiste.

Les quelques lignes de glose, qui précèdent le commencement du texte, nous donnent sur cet ouvrage, qui est la seconde partie de celui qui précède, les détails intéressants qui suivent :

« In hoc libello, qui est secunda pars Encheridionis, tanguntur quinque, scilicet materia... Materia hujus sunt nomina et verba equivoca, ut canis est nomen et verbum...

« Intentio sua est hujusmodi equivoca pertractare et pertractata minoribus publicare.

« Titulus est talis : Hic incipiunt equivoca.

« Causa suscepti operis est quod prohibet clericos in latinis improprie loqui.

« Utilitas est ut perlecto libro sciamus que continentur in ipso. »

V. *Hist. litt.*, XXII, 948-949; — HAURÉAU, *o. c.*, p. 55-64; — E. HABEL, *o. c.*, p. 20; — FARAL, *o. c.*, p. 6 et 22.

Fol. 27 v. et la première moitié du fol. 28 r. blancs.

Ff. 28 r.-34 v. « Omne punctum » Godefridi.

Inc. *Christe, regis qui nos, in me sensus rege quinos.*

Expl. *Pro monumentis ista patris, nate, teneto.*
Vive retentis hiis documentis corde quieto.
Ne peream demens, absit dementia de me.
Christe, malum demens tibi me dementia deme. Explicit omne punctum Petri de Lisseweghe. Deo gratias.

Ce recueil de maximes morales fut publié dans le *Bull. du bibliophile belge*, XII, 1856, p. 311-320; — par F. JACOB, *M. Reineri Alemannici Phayfacetus et Godefridi Omne punctum*, Lubeck, 1838. Cfr. *Biographie nationale*, 8, c. 146-151, *Gotfrid de Tirlemont.*

Cfr. « Filius », fol. 48-56 r.

Fol. 35-45 v. ORTHOGRAPHIA WILHELMI DE LUMBARDIA.

Inc. *Si quis in ecclesia legis usquam verbula dya*
Ut vites vitia sis doctus in orthografia.

Expl. *Optimus adjutor fine bonus mihi tutor.* Explicit liber de orthografia.

L'auteur de ce traité n'est pas connu avec certitude. Le glossateur nous dit, fol. 35 r^{b} : « Causa efficiens est duplex, scilicet principalis et compilans sive versificans. Causa principalis fuit Priscianus. Causa compilans fuit mgr. Willelmus de Lumbardia, quia forte erat ex illa terra, vel causa compilans aliquantulum ignoratur. »

V. HAURÉAU, *o. c.*, p. 65-66; — E. HABEL, *o. c.*, p. 16.

Fol. 45 v.-47 v. GLOSSARIUS.

Inc. *Olla, patella, tripes, choclear,...*

Expl. *...tibia, poples.* Explicit glosarius.

Ed. A. SCHELER. *Olla patella. Vocabulaire latin versifié, avec gloses flamandes. D'après un manuscrit du* XIVe *siècle de la bibliothèque de Bruges.* (*Revue de l'Instr. Publ.*, t. XXVI, p. 291 ss.). L'auteur donne une description détaillée de notre manuscrit. Cfr. t. XXI et XXII; — *Bull. de la Comm. royale d'histoire*, 4e série, IX, p. 169 ss. : *Glossaire flamand-latin du* XIIIe *siècle*, par M. GILLIODTS VAN SEVEREN; — E. HABEL, *o. c.*, p. 12.

Fol. 48-56 r. « Filius » [magistri Henrici de Thenis].

Inc. *Ad nova dilecti redeant et amare salutis.*

Expl. *Qui sunt salvati per dicta tue pietatis.* Qui me finivit, cum Christo vivere possit. Amen. Explicit filius, compilatus a magistro Godefrido.

Le prieur des Dunes, Charles De Visch, a écrit les mots suivants avant l'Incipit de ce recueil de maximes morales :

« Sequentis libri author est quidam Mr Henricus Thenensis quondam schole regens. Inscribitur autem Filius », et, après l'Explicit qu'on vient de lire, il ajoute :

« Glossator hujus libri in initio dicit authorem ejusdem fuisse quemdam M[rum] Henricum Thenensem. »

La glose ainsi désignée se trouve, fol. 48, dans la marge de droite. Elle dit en effet :

« Causa efficiens fuit magister Henricus, regens Thenis, prope villam Lovaniensem. »

Une autre annotation du même glossateur, que nous lisons dans la marge de gauche, nous dit que l'auteur, Henri de Tirlemont, a pris la plume sur les instances d'un noble homme, dont le fils s'appelait Godefroid :

« Heinricus, regens Thenis, ad instantiam cujusdam nobilis viri et precipue sui nati, qui erat excellens clericus, nomine Godefridus, ambulantis cum malis et perversis societatibus, istum librum edidit, ut filius suus (*sic*) castigaret a malis et perversis negotiis. » Et il ajoute : « Pater noluit apparenter et manifeste castigare. »

Faut-il donc croire qu'Henri de Tirlemont ne sert ici que d'intermédiaire ou de prête-nom ? Dans ce cas le *magister Godefridus* de l'Explicit serait le véritable auteur de ce poème. N'est-il pas le même que l'auteur de l'*Omne punctum*, ff. 28 r.-34 v. ? Il me semble qu'il y a des rapports entre l'une et l'autre pièce, et au fol. 51 du « Filius » nous lisons, en marge, les deux vers suivants que nous avions rencontrés déjà dans l'*Omne punctum*, fol. 29 v., et qui trouvent ici leur place à propos d'un sage conseil de tempérance :

« Non cum Tenensi tua tu potore tenens i.
« Prodiga Tenenses fallit male bursa tenens es. »

Fol. 56 v.-71 v. « Pamphilus ».

Inc. *Vulneror et clausum porto sub pectore telum.*

Expl. *Per me felices este mei memores.*

Detur pro poena scriptori pulchra puella.

Poème dialogué, qui porte souvent pour sous-titre *De Amore*, composé, sans doute au XIIe siècle, par un auteur dont on n'a pas encore découvert le nom. *Hist. litt.*, XXIX, p. 455 ; — GRAESSE, *Trésor*, Leipzig, 1900, V, p. 117.

Cfr. ff. 107 r.-122 v.

Ff. 72-78 r. « Liber de vita Jhesu Christi. »

Inc. *Vita Jhesu Christi titulus libro datur isti.*

Expl. *Sunt testes qua vi miseros a crimine lavi.* Explicit liber de vita Jhesu Christi.

Le prieur des Dunes, Charles De Visch, a écrit cette note marginale, fol. 72 r. : « *Vita Jesu Christi per monachum quemdam griseum, id est Cisterciensem.* » La glose dit en effet : « Causa vero instrumentalis fuit quidam grisus monachus. » De Visch renvoie au présent exemplaire dans une note que nous trouvons au fol. 25 de notre manuscrit 243.

Ff. 78 v.-87 r. « Fayfacetus. »

Inc. *Res rerum natura parens ita concipit omnes.*

Expl. *Hunc consummavi nec dominicam celebravi.* Explicit Fayfacetus et cetera.

Ch. De Visch inscrit cette note au début du poème :

« Reyneri Alemanni tractatus dictus Fayfacetus, sive de moribus requisitis in mensa. »

Le glossateur fait observer que les initiales des quinze premiers vers donnent : *Reinerus me fecit* :

« Causa efficiens dicitur fuisse quidam Alamannus nomine Reinerus, quod potest sciri ex quindecim litteris primis primorum versuum. »

Ed. FR. JACOB, *o. c.* Cfr. HAURÉAU, *o. c.*, p. 17.

Ff. 87 v.-106 v. « Palpanista. »

Inc. *Rure suburbano sub vere sub aere sano.*

Expl. *Per quod ali possis et quod sine crimine noscis.*

Nous lisons, fol. 106, ce vers qui fait connaître l'auteur :

« Bernardique stilo Gestensis, queso, favete. »

Bernard de Geist, poète latin, XIIIe-XIVe siècle. Son poème eut une édition, devenue rare, à Utrecht, en 1473. Cfr. DE LA SERNA, *Dictionn. bibliogr.*, Bruxelles, 1805-1807, III, p. 522.

C'est par erreur que Ch. De Visch a mis le titre de *Pamphilus* au commencement de cette pièce. Ce titre devait se trouver au fol. 107, qui suit ici.

Ff. 107-122 v. « Pamphilus. »

Inc. *Vulneror et clausum porto sub pectore telum.*

Expl. *Per me felices este mei memores.*

Querit quivis te, dic quod sit Pamphilus iste.

C'est une autre copie, avec variantes, du même ouvrage que nous trouvons ff. 56 v.-71 v.

Fin du XIIIe siècle-commencement du XIVe siècle. 122 ff. de vélin et 4 ff. blancs lignés au crayon, 0 m. 20 × 0 m. 14. Nombreuses gloses marginales et interlinéaires.

Ancien titre sous corne. La corne a disparu.

Reliure. Veau sur chêne. Dos renouvelé.

Notre codex portait à la bibliothèque des Dunes la cote c. 3, 105, comme nous l'apprend un renvoi du prieur, Ch. De Visch, fol. 21 du manuscrit 243.

Imprimerie de J. DUMOULIN, à Paris.

FOURNIER (P.-I.). — **Conseils pratiques pour le classement et l'inventaire des archives et l'édition des documents écrits.** 1924. In-8 raisin. . . . . **6 fr.**

GIRY (A.), de l'Institut. — **Notices bibliographiques sur les archives des églises et des monastères de l'époque carolingienne.** In-8. . . . . **7 fr.**

GUIBERT (J.). — **Les dessins du Cabinet Peiresc au Cabinet des Estampes de la Bibliothèque Nationale.** Antiquité, Moyen Age, Renaissance. In-4 et 25 planches dont 17 en couleurs; tiré à 125 exemplaires numérotés. . . . . **100 fr.**

JEANROY (Alf.). — **Bibliographie sommaire des chansonniers provençaux.** In-8. **3 fr. 40**
— **Bibliographie sommaire des chansonniers français.** In-8. . . . . **3 fr. 40**

KOCH (Th.-W.). — **Les Livres à la guerre.** 1921. In-8 de 416 pages, avec 143 planches hors texte. Préface du Maréchal Foch. . . . . . **25 fr.** — Demi-chagrin . . . . **40 fr.**

— **Bibliothécaires d'antan.** In-12. 58 pages . . . . **5 fr.**

— **La Bibliothèque publique de Petrograd.** 1924. In-8 et planches. . . . . **5 fr.**

— **On University libraries.** 2e édition. 1924. In-12 . . . . **10 fr.**

LACHEVRE (F.). — **Bibliographie des recueils collectifs de poésies du XVe siècle (de 1502 à 1609)**, donnant la description et le contenu des recueils. 1923. In-4 de VIII-613 pages . **80 fr.**

— **Bibliographie des recueils collectifs de poésies publiés de 1597-1700.** 4 vol. ensemble **125 fr.**

— **Les Recueils collectifs de poésies libres et satiriques publiés depuis 1600 jusqu'à la mort de Théophile (1626).** In-4 de XVI-604 pages. (*Ne se vend qu'avec le Supplément.*) **30 fr.**

— *Supplément.* Additions et corrections, 1922. In-4 de 100 pages . . . . **20 fr.**

LANGLOIS (E.). — **Table des noms propres de toute nature compris dans les chansons de geste imprimées.** Fort volume grand in-8 . . . . **75 fr.**

LAM (S.). — **Le Livre polonais aux XVe et XVIe siècles.** In-4, 180 pages. Avec 23 illustrations dont 9 en 2 couleurs reproduisant les plus beaux spécimens de la typographie polonaise. **70 fr.**

— **Le Beau Livre.** Traité de l'Esthétique. In-4, 123 pages avec 48 pl. (Texte en polonais). **70 fr.**

LEDOS (E.-G.). — **Usages suivis dans la rédaction du Catalogue général des livres imprimés de la Bibliothèque nationale.** In-8 raisin, 70 pages . . . . **5 fr.**

MASSON (Paul). — **Eléments d'une bibliographie française de la Syrie** (géographie, ethnographie, histoire, archéologie, langues, littérature, religions). In-8 de XXI-528 pages . **19 fr. 50**

OMONT (H.), de l'Institut. — **Catalogues des livres grecs et latins imprimés par Alde Manuce à Venise** (1498-1503-1513), reproduits en phototypie, avec une préface. Grand in-folio, avec 4 planches. . . . . **45 fr.**

Outillage scientifique des Bibliothèques et des Musées. *Répertoires analytiques*, publiés par Eugène Bacha. Beaux-Arts, Belles-Lettres, Sciences, etc. . . . *Prospectus spécial sur demande.*

PALAU Y DULCET. — **Manuel del librero Hispano-Americano.** Tomes I, II et III, chacun de 400 pages. In-8 . . . . **125 fr.** (Formera 4 volumes.)

Palæographia iberica. Fac-similés de manuscrits espagnols et portugais (IXe-XIe siècles). Avec notices et transcriptions par John Burnam. Fasc. I. 1913. In-folio, 20 pl. et 80 pages **75 fr.** Fasc. II. 1920. In-fol. 20 planches en phototypie et p. 81-155. **75 fr.** — Fasc. III. . . . **150 fr.**

PELLECHET (Mlle M.). — **Bibliographie liturgique.** Notes sur les livres liturgiques des diocèses d'Autun, Chalon et Mâcon, avec un choix de leçons, d'hymnes et de proses composées en l'honneur de quelques saints spécialement honorés dans ces diocèses. 1883. In-8. . . . . . . **50 fr.**

PRÉVOST (M.). — **Inventaire sommaire des documents manuscrits contenus dans la Collection Chatre de Cangé.** In-8 . . . . **15 fr.**

Règles et usages observés dans les principales bibliothèques de Paris pour la rédaction et le classement des catalogues d'auteurs et d'anonymes. 1912. In-8 . . . . **3 fr.**

Répertoire d'art et d'archéologie. Dépouillement des périodiques et des catalogues de ventes. Bibliographie des ouvrages d'art et d'archéologie. Directeur : Marcel Aubert. Avec nombreux collaborateurs français et étrangers. 1924. Fascicule 28. In-4, 200 p. sur deux colonnes . **45 fr.** Le fascicule 29 (1925) est sous presse. Les fascicules précédents, sous réserve d'épuisés, sont en vente au prix de. . . . . **80 fr.**

SCHIFF (Mario). — **La Bibliothèque du Marquis de Santillane.** In-8 . . . . **45 fr.**

TOURNEUX (M.). — **Bibliographie de l'Histoire de Paris pendant la Révolution française.** 5 vol. grand-8 . . . . **100 fr.**

TUETEY (A.). — **Répertoire général des sources manuscrites de l'Histoire de Paris pendant la Révolution française.** 11 volumes grand in-8 . . . . **220 fr.**

VAN MEEL (J.). — **Bibliothèques publiques. Traité théorique et pratique.** 228 p. . **30 fr.**

www.ingramcontent.com/pod-product-compliance
Ingram Content Group UK Ltd.
Pitfield, Milton Keynes, MK11 3LW, UK
UKHW022149170726
13837UKWH00004B/1870

9 782329 205472